Frank Jansen/Peter Wenzel

Von der Elternarbeit zur Kundenpflege

Kindertageseinrichtungen auf dem Weg zu Dienstleistungsunternehmen

Don Bosco

Geheimnisvolle Zeichen?!
Ganz einfach!

 wenn Sie in Ihrem Beruf Wert legen auf eine gute
Zusammenarbeit mit den Eltern der Ihnen anvertrauten
Kinder

 und Sie darüberhinaus Ihre Professionalität durch eine kundenfreundliche Serviceorientierung unter Beweis stellen wollen,
haben Sie mit diesem Buch die richtige Wahl getroffen.

Die Deutsche Bibliothek – CIP-Einheitsaufnahme

Jansen, Frank:
Von der Elternarbeit zur Kundenpflege : Kindertageseinrichtungen auf dem
Weg zu Dienstleistungsunternehmen / Frank Jansen / Peter Wenzel. –
2. Aufl. – München : Don Bosco, 2000
   ISBN 3-7698-1141-0

2. Auflage 2000/ISBN 3-7698-1141-0
© 1999 Don Bosco Verlag, München
Umschlag: Michael Brandel
Fotos: Peter Santor: Titel; Privatarchiv: S. 14, 19;
   Oscar Poss: S. 33, 46; Kath. Kindergarten Ave Maria,
   Fachsenfeld bei Aalen: S. 36, 41, 52, 65, 72
   Kath. Kindergarten St. Maria, Mengen S. 57
Zeichnungen und Grafiken: Margret Russer
Gesamtherstellung: Don Bosco Grafischer Betrieb, Ensdorf

Inhalt

Dieses Buch hat Ihnen
gerade noch gefehlt

Dieses Buch hat Ihnen gerade noch gefehlt

Das klassische Verständnis von Elternarbeit gehört der Vergangenheit an

Mit der Elternarbeit steht es nicht zum Besten. Davon sind wir überzeugt. Anders lässt sich der Titel »Von der Elternarbeit zur Kundenpflege« ja auch nicht deuten. Wir halten es für dringend erforderlich, die klassischen Methoden der Elternarbeit durch zeitgemäßere Formen zu ergänzen. Zumindest dort, wo Elternabende immer noch durchgeführt werden, um Eltern zu bilden, wo Tür- und Angelgespräche hektisch verlaufen, wo Hausbesuche stattfinden, um Einblicke in das Familienleben der Kinder zu erhalten, wo Elternbriefe so gestaltet sind, als würden sie von Kindern gelesen. Über Jahre hinweg haben diese Methoden nicht den gewünschten Erfolg gebracht. Im Gegenteil: Vielerorts verstehen Erzieherinnen und Erzieher die Eltern nicht und umgekehrt genauso. Diese Einschätzung teilen nicht nur Eltern, sondern auch viele Ihrer Kolleginnen und Kollegen mit uns.

Hinzu kommt, dass der Berufsstand immer noch unter einem Basteltanten-Image lei-

det. Hier haben auch die klassischen Methoden der Elternarbeit keine Abhilfe geschaffen. Im Gegenteil: Im Umgang mit Kindern gesteht man Ihnen als Erzieherin oder Erzieher durchaus eine Professionalität zu, weniger aber im Umgang mit Eltern. Dies werden wir im ersten Kapitel ebenso darlegen wie die Tatsache, dass aktuelle Entwicklungen in Ihrem Arbeitsfeld ein verändertes Konzept der Elternarbeit erfordern: Seit einigen Jahren beispielsweise wird über die Einführung von Qualitätsmanagementkonzepten in Kindertageseinrichtungen diskutiert. In dieser Debatte stehen Eltern als Kunden im Mittelpunkt, deren Ansprüche Sie als Mitarbeiterin oder Mitarbeiter in Kindertageseinrichtungen erfüllen sollen. Und schon heute konkurrieren viele Kindertageseinrichtungen mit anderen Anbietern um die Erziehung, Bildung und Betreuung von Kindern. Eltern beginnen damit, die einzelnen Angebote miteinander zu vergleichen und daraufhin zu prüfen, welches ihren Ansprüchen am ehesten entgegenkommt.

Nun werden durch diese Entwicklungen die Ziele der klassischen Elternarbeit nicht grundsätzlich in Frage gestellt. Wenn Eltern ihre Kinder zu Ihnen in die Einrichtung bringen, dann wollen sie auch zukünftig informiert und beteiligt werden. Und es wird ihnen auch weiterhin wichtig sein, auf erzieherische Fragen kompetente Antworten zu erhalten. Aber dennoch: Angesichts der gegenwärtigen Entwicklungen wird es sehr viel stärker darauf ankommen, zwischen Elternhaus und Kindertageseinrichtung ein Wir-Gefühl zu entwickeln, das von einer überzeugenden und emotional verankerten Beziehung getragen wird. Eine Beziehung, die so gestaltet ist, dass Eltern davon überzeugt sind, in Ihrer Kindertageseinrichtung etwas Besonderes zu sein.

Genau dies erreichen Sie jedoch nicht durch die klassischen Elternbildungsabende, durch Tür- und Angelgespräche, Hausbesuche und Elternbriefe. Auch mit Hospitationsmöglichkeiten, die Sie den Eltern anbieten, oder mit gemeinsamen Ausflügen und Bastelnachmittagen kommen Sie diesem Ziel nicht näher.

Vergessen Sie vieles von dem, was Sie über Elternarbeit gelernt haben

In Zukunft werden jene Erzieherinnen und Erzieher Hochkonjunktur haben, die für ihre Arbeit völlig neue Konzepte entwerfen und die die Eltern als Kunden anerkennen; Kolleginnen und Kollegen, für die Prinzipien der Kundenpflege, Strategien einer offensiven Imagekampagne und dienstleistungsorientierte Konzepte keine böhmischen Dörfer mehr sind; Pädagoginnen und Pädagogen, die ihre sozialpädagogische Perspektive durch eine serviceorientierte Haltung ergänzen und deren Kindertageseinrichtungen sich durch ungewöhnliche Angebotsformen und durch überzeugende Kommunikationsstrategien von anderen unterscheiden; Einrichtungen, die sich zu modernen Dienstleistungsunternehmen entwickelt haben.

Anders ausgedrückt: Um die Beziehung zwischen Elternhaus und Kindertageseinrichtung zu verbessern und um den gegenwärtigen Herausforderungen Rechnung zu tragen, müssen Sie sich etwas einfallen lassen. Dies gilt insbesondere mit Blick auf den bevorstehenden Wettbewerb. Und der wird kommen. Alleine die rückläufigen Geburtenzahlen und der Ausbau des Betreuungsangebots durch den Rechtsanspruch auf einen Kindergartenplatz lassen vermuten, dass zukünftig an der Monopolstellung vieler Einrichtungen gerüttelt wird. Ob Ihre Kindertageseinrichtung dann noch über eine Warteliste verfügt, wird davon abhängig sein, wie attraktiv Ihr Angebot nicht nur für Kinder, sondern auch für Eltern ist. Genau hierum wird es in diesem Buch gehen.

Wir werden ein Attraktivitätsprofil Ihrer Einrichtung entwerfen, das sich sehen lassen kann und zu dessen Grundbausteinen die Kundenpflege, d.h. eine überzeugende Kundenorientierung gehört. Um für diese neue Sichtweise offen zu sein, brauchen Sie einen freien Kopf. Vergessen Sie also vieles von dem, was Sie bisher über Elternarbeit gelernt haben.

Erfahrung bedeutet viel, aber noch lange nicht alles

Dass wir uns mit einer solchen Aufforderung nicht nur Freunde machen, wissen wir. Es werden sich viele kritisch zu Wort melden und fragen, was das alles, was Sie hier zu lesen bekommen, denn noch mit dem guten alten Kindergarten zu tun hat. Sie werden sich auf ihre langjährigen Erfahrungen berufen, denenzufolge vieles doch zufrieden stellend verlaufen sei. Zufrieden stellend verlaufen? Nun ja. Urteilen Sie selbst. Der englische Nobelpreisträger für Literatur, Bernhard Shaw, hat auf solche Beharrungskonstrukte eine treffende Antwort gefunden: »Manche halten das für Erfahrung, was sie 20 Jahre lang falsch gemacht haben.«
Ganz so extrem muss man es natürlich nicht sehen. Jede Zeit hat ihre Überzeugungen und Konzepte. Aber die Zeiten ändern sich, und das wissen Sie, die Sie täglich in Kindertageseinrichtungen arbeiten, am besten.

Dieses Buch hat auch Risiken und Nebenwirkungen

Es ist gerade mit Blick auf potentielle Kritikerinnen und Kritiker nur fair, wenn wir gleich zu Beginn einige Risiken und Nebenwirkungen hervorheben, die beim Lesen auftauchen können.
Leihen Sie dieses Buch nicht Kolleginnen und Kollegen aus, die unter einer chronischen Lethargie gegenüber allem Neuen leiden. Auch sollten Sie das Buch nicht Leuten schenken, die von einer konsequenten Starrheit und von ausgeprägten Allergien gegenüber Selbstkritik betroffen sind. Hier sind Gegenanzeigen zu erwarten. In Wechselwirkung mit pädagogischen Völlegefühlen kann es vereinzelt zu Verärgerung, Unwillen und Verzweiflungszuständen kommen. Schlimmer noch: Bei Vorträgen haben wir im Extremfall sogar schon situationsorientierte Erschöpfungszustände beobachtet, die am Ende zu einem unentwirrbaren Wust aus Klage, Depression und Zukunftsangst führten und zu der Überzeugung, dass ohnehin schon alles zu spät ist.
Für den Fall, dass diese Hinweise nichts nützen – halb so schlimm. Es gibt eine alte niederrheinische Weisheit, die garantiert immer hilft: »Was von selbst kommt, das geht auch wieder von selbst.«

Das haben Sie sich verdient: Mehr Anerkennung und Unterstützung

Geschrieben haben wir dieses Buch für Erzieherinnen und Erzieher, die Lust auf ein paar ungewöhnliche Ideen haben. Für Kolleginnen und Kollegen, deren Teams sich in einer Aufbruchstimmung befinden; die kritische Diskussionen führen und über eine ausgeprägte Selbstironie verfügen und über die Fähigkeit, auch über sich selbst lachen zu können. Genau diese Fähigkeit werden Sie brauchen. Vieles haben wir vielleicht etwas provozierend auf den Punkt gebracht. Angesichts der Veränderungen, mit denen Sie es heute zu tun haben, helfen jedoch Harmonisierungsversuche nicht weiter.

Die einzelnen Kapitel dieser Veröffentlichung zeigen Ihnen auf, wie Sie durch eine konsequente Kundenorientierung ein Mehr an Akzeptanz, Unterstützung und Anerkennung erzielen. Und genau das haben Sie sich ja wohl verdient.

An dieser Stelle danken wir den vielen Kolleginnen und Kollegen, die auf Fachtagungen und Seminaren auch uns gegenüber keine Harmonisierungstendenzen an den Tag legten. Erst durch die kritischen Dialoge, die wir führen konnten, ist dieses Buch möglich geworden. Bevor es aber richtig losgeht: Einer anderen niederrheinischen Weisheit zufolge kommt es, wie es kommen muss – eben alles zur richtigen Zeit. So auch diese Veröffentlichung.

Sie sind neugierig geworden? Dann fangen wir am besten ganz von vorne an und wünschen Ihnen beim Lesen viel Spaß.

Frank Jansen, Peter Wenzel

Kapitel 1

Nichts bleibt, wie es ist – Veränderungen sind gefragt

Veränderungen beginnen, wie Veränderungen nun mal beginnen. Ganz einfach mit der Feststellung, dass es so nicht weitergehen kann. Sie stellen sich ein mit der Überzeugung, dass man mit scheinbar bewährten Methoden nur noch schleppend vorankommt; dass die Erfahrungen der letzten Jahre wenig bedeuten, vielleicht gar überholt sind. Sie kommen zwangsläufig, auch wenn dabei die ein oder andere persönliche Überzeugung, die ein oder andere Gewohnheit oder auch lieb gewordene Haltung

über Bord zu werfen ist. Damit sind wir schon beim Thema.

Enttäuschungen vorprogrammiert: Wenn Elternarbeit nur der Kinder wegen geschieht

Spätestens seit den siebziger Jahren zählt die Elternarbeit zu einer der wichtigsten Aufgaben von Kindertageseinrichtungen. In zahlreichen Veröffentlichungen ebenso wie auf

Pädagogische Themen stehen meist im Vordergrund der Angebote für Eltern.

Fortbildungen und Fachtagungen ist von Elternbildung, Elternberatung, Elternmitarbeit und Elternmitbestimmung die Rede: Durch Tür- und Angelgespräche, Elternabende, Hausbesuche und Elternbriefe sollen Sie Eltern informieren, beraten und bilden. Mitwirkungsrechte sollen dazu beitragen, dass Eltern nicht nur bloße Konsumenten oder zu belehrende Laien sind. Die Erziehung der Kinder wird als gemeinsame Aufgabe von Kindertageseinrichtungen und Familien hervorgehoben. Aber mal ganz ehrlich: Haben diese Bemühungen ihr Ziel erreicht?

Wer von Ihnen kennt nicht die Enttäuschung nach einem Elternabend, den Sie mit akribischer Genauigkeit vorbereitet haben. Das Thema der Veranstaltung wurde sogar mit dem Elternrat abgestimmt. Und am Ende waren alle da: Die Referentin, die Kolleginnen und Kollegen, vielleicht auch der Bürgermeister oder der Pfarrer, nur die Eltern eben nicht. Oder denken Sie an die ständigen Grundsatzdiskussionen über Ihre pädagogische Abeit, an die täglichen Kompetenzstreitigkeiten, wenn es um Fragen der Erziehung geht. Trotz Ihrer Bemühungen um das Wohl der Kinder wächst die Kritik an dem, was Sie tun. Wen wundert es da, wenn viele Erzieherinnen und Erzieher in den geforderten Mitsprache- und Mitwirkungsrechten von Eltern beängstigende Einmi-

schungsmöglichkeiten sehen. Hier können Ansprüche formuliert werden, die nicht ins Konzept passen. Denn nicht selten stehen diese im Widerspruch zu den pädagogischen Grundsätzen und Rahmenbedingungen Ihrer Kindertageseinrichtung.
Tür- und Angelgespräche verlaufen hektisch, Elternbriefe werden nicht gelesen und Aushänge an der Gruppenraumtür, auf denen Sie über Ihre Arbeit informieren, erst gar nicht wahrgenommen.

Die Folge davon ist: Sie verstehen die Eltern nicht und diese Sie nicht. Sicherlich ist das nicht überall der Fall, aber vielerorts wohl doch. »Am liebsten hätten wir in unserem Kindergarten damals nur Kinder gehabt, die aus einem Heim für Vollwaisen kommen.« Diese Erinnerung einer ehemaligen Leiterin spiegelt das ganze Dilemma wider, in dem viele von Ihnen heute stecken.

Wir möchten nun kein Plädoyer für Eltern halten und auch keinen Elternfrust übermitteln. Die Ursachen vieler Probleme aber einzig und alleine bei den Eltern zu suchen und damit einen Erzieherinnen- und Erzieherstolz zu kultivieren, bringt uns auch nicht weiter. Es ist vielmehr an der Zeit, etwas grundsätzlicher über das Verhältnis zwischen Kindertageseinrichtungen und Eltern nachzudenken.

Die Gründe vieler Schwierigkeiten liegen unserer Meinung nach darin, dass viele von uns über die Jahre hinweg davon überzeugt waren, Eltern seien in der Erziehung ihrer Kinder unterstützungs- und ergänzungsbedürftig. Diese Haltung findet sich sogar im Strukturplan für das Bildungswesen wieder: »Der Kindergarten kann eine notwendige und wünschenswerte Ergänzung der Erziehung in der Familie sein, indem er erweiternd und kompensierend, unterstützend und verändernd den Entwicklungsverlauf des Kindes (…) mitbeeinflusst und mitverantwortet.«[1]

Elternarbeit als Kompensationsinstrument elterlicher Inkompetenz durch Professionelle, Eltern als Adressaten pädagogischer Fachlichkeit, als Empfänger fester Überzeugungen darüber, was für Kinder gut ist? Das ist sicherlich nicht gemeint, wenn im Strukturplan für das Bildungswesen von einer »wünschenswerten Ergänzung der Erziehung« die Rede ist. Viele Mütter und Väter erleben es aber so. »Erzieherinnen agieren, und wir als Eltern können oder sollen nur noch reagieren. Wegen uns, den Eltern, machen die den Kindergarten nicht. Als Mutter interessiere ich die Erzieherinnen bestenfalls indirekt, nämlich über mein Kind. Die

wollen nur wissen, wieviel Zeit wir für unsere Kinder aufbringen. Am Ende werden wir dann kategorisiert. In gute und in schlechte Eltern.«
Diese und andere Aussagen sind oft zu hören. Dabei haben Eltern nicht nur das Gefühl, Objekte von Beratung und Belehrung zu sein, sondern auch danach beurteilt zu werden, wie es um ihr Engagement für die Kindertageseinrichtung steht, ob sie das Tennisspielen der Kindererziehung vorziehen oder ob sie gar Doppelverdiener sind, die ihrer Selbstverwirklichung wegen verlängerte Öffnungszeiten erwarten.

Was aber, wenn Eltern von Erzieherinnen und Erziehern gar nicht gebildet werden wollen, wenn viele von ihnen zur Elternmitarbeit keine Zeit haben und nur froh sind, ihr Kind gut betreut zu wissen? Wenn sich hinter ihrem Interesse, stärker in die Arbeit der Kindertageseinrichtung einbezogen zu werden, kein Drang danach verbirgt, Ihre pädagogische Kompetenz in Frage zu stellen? Welche Konsequenzen hat es, wenn hinter dem Wunsch von Eltern, länger in der Einrichtung verweilen zu dürfen, nicht das Bedürfnis nach Kontrolle, sondern vielmehr nach sozialen Kontakten und Beziehungen steht? Wenn es sich bei allem Tennisspielen und bei aller Berufstätigkeit doch nicht um Rabeneltern handelt?

---

[1] Deutscher Bildungsrat: Strukturplan für das Bildungswesen, Bonn 1970, Seite 110

Irgendetwas muss geschehen, die Beziehungen zwischen Eltern und Erzieherinnen zu verändern und für beide Seiten befriedigender zu gestalten. Das Ausmaß an Akzeptanz seitens der Eltern wird aber ganz entscheidend davon abhängen, inwieweit diese eine gleichermaßen ausgeprägte Anerkennung durch die Kindertageseinrichtung erfahren. Vielleicht hilft es weiter, wenn künftig in Müttern und Vätern nicht mehr Adressaten vorgedachter Konzepte und Erwartungen gesehen werden, sondern vielmehr Kunden, um deren Sympathie Kindertageseinrichtungen werben müssen. Diese Sichtweise mag auf den ersten Blick vielleicht grotesk erscheinen. Sie ist aber eine erste Herausforderung auf dem Weg zur Kundenpflege und damit zu einer Kindertageseinrichtung, die sich zu einem Dienstleistungsunsunternehmen entwickeln will.

Basteltanten-Image vorhersehbar: Vom großen Kinderspielplatz der Elternarbeit

»Bei uns steht das Kind im Mittelpunkt!« Wer von Ihnen kennt nicht diesen Leitsatz. Er bildet die Grundlage der pädagogischen Arbeit und ist ein ganz wesentlicher Faktor beruflicher Identität. Kinder in den Mittelpunkt der Arbeit zu stellen, ist zweifelsohne auch die wichtigste Aufgabe, die Sie als Erzieherin und Erzieher haben. Ohne das tägliche Bemühen um das Wohlergehen von Kindern wäre eine verantwortungsvolle pädagogische Arbeit nicht denkbar. Das ist unumstritten.

Nun sind Kindertageseinrichtungen aber nicht gleich Kindertageseinrichtungen. Das viel zitierte »Wohl des Kindes« wird ganz unterschiedlich ausgelegt. Und es soll tatsächlich Einrichtungen geben, in denen sich die gesamte berufliche Identität der pädagogischen Fachkräfte ausschließlich durch das »Wohl des Kindes« definiert. Hier hat die Überzeugung, in erster Linie für Kinder da zu sein, zu einer unscharfen Grenze zwischen der Arbeit mit Kindern und der Arbeit mit Eltern geführt. In diesen Kindertageseinrichtungen stellt die Elternarbeit einen großen Kinderspielplatz dar. Zur Erläuterung, was damit gemeint ist, sei folgendes kleine Beispiel angeführt, eine alltägliche Geschichte aus einer Kindertageseinrichtung, die natürlich frei erfunden ist. Beim Lesen sollten Sie jedoch daran denken: Über diejenigen, die nicht über sich selbst lachen können, lachen am Ende immer andere. Denn kritische Auseinandersetzungen, die keinen Humor vertragen, laufen Gefahr, ein Ausdruck geistiger Unbeweglichkeit zu sein.

Der Raum ist ganz kindgemäß gehalten. Seine Fenster sind mit bunten Eierchen bemalt. Von der Decke hängen 28 schmunzelnde Osterhäschen herab. Unten drunter sitzen sie auf kleinen Stühlen im Stuhlkreis: Dreizehn erwachsene Frauen und ein aufgeschlossener Mann. Allesamt Eltern. Vor ihnen die familienergänzungsorientierte Irene, Leiterin der Mäusegruppe. Es ist kurz vor Ostern.

Das Thema des Elternabends: Mein Kind ist aggressiv. Eingeladen ist Frau Dr. Becker von der Erziehungsberatungsstelle. Frau Becker hat es in ihrem Berufsalltag mit soviel aggressiven Kindern zu tun, dass sie sich ein bisschen darüber wundert, nur vierzehn Erziehungsberechtigte zu sehen. Sie ist gekränkt. Irene, die Gruppenleiterin, kennt das schon. Und der aufgeschlossene Vatertyp auch. Er ist jetzt schon das zweite Mal dabei. Nicola, sein dreieinhalb Jahre alter Sohn, ist in diesem Jahr in die Kindertageseinrichtung gekommen. Aggressiv ist Nicola nicht. Was macht man aber nicht alles. Viermal hat ihn die Gruppenleiterin angesprochen, ob er denn auch wirklich kommt. Mindestens noch fünf Mal muss er das hier mitmachen. Vorausgesetzt, Irene hält, was sie versprochen hat: Nicht mehr als sechs Elternabende in drei Jahren. Hinzu kommen wohl noch die Einladungen zu den Bastelnachmittagen. Da geht aber seine Frau hin.

Mit Schrecken denkt er schon heute an die Theatervorstellung der Eltern für die Kinder an Weihnachten. Sein Arbeitskollege musste im vergangenen Jahr den Ochsen spielen. Seitdem lässt der sich nicht mehr blicken. Sollte man ihn selbst fragen, ob er die Rolle übernehmen will, wird er wohl zusagen. Nicht, dass ihm der Ochse gefällt, aber irgendjemand muss den doch spielen. Es machen ohnehin schon so wenige Eltern mit, von den Vätern ganz zu schweigen.

Die Folterkammern der Elternarbeit haben viele dunkle Gänge. Erst letzte Woche wurde seine Nachbarin von Frau Häberle angefahren. Frau Häberle ist die Leiterin der Kindertageseinrichtung. Seine Nachbarin, so zumindest hat es seine Frau erzählt, habe Frau Häberle gefragt, wann denn der Wandertag mit den Eltern sei. Verraten hat Frau Häberle den Termin nicht. Offenbar soll aber vor zwei Wochen ein Elternbrief ausgegeben worden sein, in dem der Termin stand. »Haben Sie den denn nicht gelesen?«, war die Antwort der Leiterin. Seine Nachbarin wüsste den Termin bis heute noch nicht, hätte nicht seine Frau ihn in Erfahrung gebracht. Und dies eher zufällig.

Sie hat Nicola nach dem Elternbrief gefragt. Der gab vor, auch nicht zu wissen, wie der aussehen soll. Zumindest guckte er so. Unter seinem Bett haben sie ihn dann gefunden. Vorne drauf eine Kinderkritzelei. Und der neue Vatertyp erinnert sich, das Ding schon einmal gesehen zu haben. Er dachte damals, das wäre ein Heft für Nicola zum Ausmalen. Nun denn. Auf jeden Fall haben er und seine Frau die Nachbarin sofort informiert.

Nächste Woche sollen die Väter am Samstag in die Kindertageseinrichtung kommen. Ein Naturhaus wird angelegt. Zur Belohnung gibt's alkoholfreies Bier und Sojabratlinge. Aber erst ab 17.00 Uhr. Er ahnt schon, was ihn erwartet. Absagen kann er schlecht. Im Gegenteil, er soll sogar noch andere Väter mitbringen. Andere Väter? Am besten, er informiert mal seinen Arbeitskollegen. Vielleicht lässt der sich ja überreden, wenn er dem verspricht, dass er selbst an Weihnachten den Ochsen spielt – es sei denn, Irene kommt auf die Idee, dass es ihm vielleicht Spaß machen könnte, den Esel zu spielen.

Auf Kinderstühlen im Stuhlkreis in der Mäusegruppe sitzen, an Weihnachten den Ochsen spielen, Kinderzeichnungen auf Elternbriefen, unfreundliche Antworten auf nicht böse gemeinte Fragen? Menschen, die alt genug sind, um wählen gehen zu dürfen, lassen für ein paar Stunden ihre Souveränität als Erwachsene hinter sich. Gesungen werden lustige Liedchen, erwachsene Männer verkleiden sich, bisweilen werden unaufmerksame Eltern gerügt und dergleichen mehr.

Wenn Eltern das mitmachen, dann doch eher mürrisch und aus Sorge um ihre Kinder. Zumindest für ein paar Stunden lassen sie sich auf den großen »Spielplatz« der Elternarbeit ein.

Manchmal entpuppt sich Elternarbeit als ein großer Kinderspielplatz.

Angesichts dieser Praxis verwundert es kaum, wenn der Erzieherinnen-Beruf heute immer noch unter einem Basteltanten-Image leidet. Auch wenn Sie selbst die Elternarbeit nicht so gestalten, es reicht aus, wenn andere Kolleginnen bisweilen einen Umgang mit den Eltern pflegen, der bei diesen eine lebenslange Aversion verursacht.

Die Gründe für die vielen Kinderspielplätze der Elternarbeit liegen auf der Hand. Wenn Sie tagtäglich mit Kindern arbeiten, wenn Sie sich seit Ihrer Ausbildung fast ausschließlich mit den Bedarfslagen von Kindern beschäftigen, wenn Ihnen auf Fortbildungen immer wieder vor Augen gehalten wird, dass kindliche Bedürfnisse und Interessen in einer von Erwachsenen geprägten Welt geschützt werden müssen, dann laufen Sie tatsächlich Gefahr, in Ihrem Beruf eine ausschließlich pädagogische Aufgabe zu sehen.

Sicherlich, dieser Haltung kann etwas Positives abgewonnen werden. Problematisch wird sie nur dann, wenn unreflektiert auch Erwachsenen gegenüber auf anhaltende Kindlichkeit gesetzt wird und die Kontrolle über dieses Verhalten entgleitet.

Erzieherinnen und Erzieher, die heute in einer Einrichtung arbeiten, die auf die aktuellen Herausforderungen adäquat reagiert, haben erkannt, dass ihr Beruf weitaus mehr sein kann, als nur für Kinder dazusein. Ein weiterer Meilenstein auf dem Weg von der Elternarbeit zur Kundenpflege, auf dem Pippi Langstrumpf nichts zu suchen hat – und der Ihnen am Ende ein anderes Profil verleiht als das vielzitierte Basteltanten-Image.

Abwanderungstendenzen in Sicht: In Zukunft werden Sie Konkurrenz bekommen

Die Zeiten sind vorbei, in denen Eltern froh sein mussten, für ihr Kind einen Platz in einer Kindertageseinrichtung zu erhalten. Vorbei ist es auch mit der halbherzigen Hoffnung vieler Eltern, derzufolge es Sie als Erzieherin oder Erzieher schon richtig machen werden. Die langjährige Monopolsituation löst sich auf und damit auch die Wartelisten, die bislang als Nachweis dafür galten, dass Eltern mit der Arbeit Ihrer Kindertageseinrichtung zufrieden sind. Kurzum: Sie bekommen Konkurrenz.

Durch den Rechtsanspruch auf einen Kindergartenplatz und durch den hiermit verbundenen Ausbau des Angebots, durch die zurückgehenden Geburtenzahlen, aber auch nicht zuletzt aufgrund der Tatsache, dass sich immer mehr private Anbieter auf dem Markt der Erziehung, Bildung und Betreuung von Kindern etablieren, ist das An-

Die Teilnehmer auf dem Markt
der Erziehung, Bildung und Betreuung von Kindern

Der Anbieter:
Kindertageseinrichtung

Der Kunde:
Eltern mit
Kindern

Die Konkurrenz

gebot heute schon vielerorts größer als die Nachfrage. Die eigentliche Herausforderung ist dabei nicht die, dass katholische Kindertageseinrichtungen mit kommunalen oder evangelischen Einrichtungen konkurrieren. Brisanter und vor allem delikater wird die Situation dort, wo private Anbieter antreten, die an 365 Tagen im Jahr rund um die Uhr geöffnet haben; die mit offensiven Marketingstrategien für ihre Arbeit werben und in denen Eltern, die täglich nur einen zweistündigen Betreuungsbedarf haben, auch nur für diese zwei Stunden bezahlen. Aber das ist noch nicht alles. An 365 Tagen im Jahr rund um die Uhr geöffnet zu haben, schließt logischerweise eine Betreuung an Wochenenden, Feiertagen und während der Nächte mit ein.

Um in dieser Konkurrenzsituation mithalten zu können, wird es zukünftig darauf ankommen, Angebote zu entwickeln, die nicht nur für Kinder, sondern ebenso für Eltern attraktiv sind. Für Ihren beruflichen Erfolg wird es ausschlaggebend sein, welche Zusatzleistungen Sie bieten, wie es mit dem Service in Ihrer Einrichtung aussieht und wie überzeugend Sie für Ihre Arbeit werben. Sich kopfschüttelnd abzuwenden und sich zu fragen, wo denn da die Kinder bleiben, wird wenig nützen. Auch hilft es Ihnen nicht weiter, wenn Sie an Konzepten festhalten, die zwangsläufig das Ergebnis einer langjährigen Monopolsituation sind.

Ob sich Eltern für Ihre Einrichtung entscheiden, wird davon abhängen, inwieweit diese das Angebot Ihrer Kindertageseinrichtung als ein geeignetes Angebot für sich bewerten. Dabei nützt es Ihnen auch wenig, wenn Sie selbst sich in Ihren Teams ganz toll finden und sich gegenseitig auf die Schulter klopfen, andere dieses Urteil aber nicht teilen. Über die Qualität Ihrer Arbeit entscheiden zukünftig diejenigen, die für Ihr Angebot bezahlen. Anders ausgedrückt: Der Markt wird zum Richter. Als Erzieherin und Erzieher werden Sie es akzeptieren müssen, nach Marktgesetzen zu arbeiten. Und darin liegt eine weitere Herausforderung, die einige Veränderungen mit sich bringen wird.

Kindertageseinrichtungen auf dem Prüfstand: Qualität ist mehr als nur ein Modethema

Bis vor kurzem konnten Sie noch wie selbstverständlich die personelle und räumliche Ausstattung oder auch Ihr pädagogisches Konzept als Qualitätsmerkmale Ihrer Einrichtung auflisten. Fast überall wurde die Auffassung vertreten, wenn die Arbeitsmittel und Richtlinien stimmen, dann stimmt auch die Qualität. Deshalb waren wir in unserem Arbeitsfeld schnell versucht zu sagen, zwei ausgebildete Kräfte pro Gruppe mit 15 Kindern, das sei Qualität. Aber bietet eine Einrichtung mit einer Gruppenstärke von 20 Kindern tatsächlich mehr Qualität als eine Einrichtung mit 28 Kindern? Und stellt sich die Qualität in ein- und derselben Einrichtung – bei gleichen Voraussetzungen – in der Mäusegruppe genauso dar wie in der Bärengruppe? Spätestens bei diesem Vergleich wird deutlich, dass es in Fragen der Qualität um mehr geht.

Seit einigen Jahren gibt es eine Debatte über die Qualität Ihrer Arbeit, die Sie alle kennen und in der von einem neuen Qualitätsverständnis ausgegangen wird. Im Vordergrund steht ein erweiterter Qualitätsbegriff, der in der Wirtschaft schon lange Gültigkeit hat: Qualität ist das, was die Kundenbedürfnisse befriedigt.

Zugrunde liegt dabei die Vorstellung von der Kindertageseinrichtung als einem Dienstleistungsunternehmen, das seine Kunden zufrieden stellt und in der Lage ist, versprochene Leistungen einzuhalten. In diesem Zusammenhang tauchen Begriffe wie Qualitätssicherung, Qualitätszirkel und Controlling auf. Ganz gleich, welchem Träger Sie angehören: in zahlreichen Projekten und Arbeitsgruppen wird mittlerweile über das Leistungsangebot und die Leistungserbringung von Kindertageseinrichtungen nachgedacht.

In dieser Auseinandersetzung wird den Eltern als Kunden Ihrer Einrichtungen eine stärkere Position eingeräumt. Nicht mehr Sie als pädagogische Fachkräfte sind es, die am besten wissen, was Familien benötigen, im Gegenteil.

Waren bis vor ein paar Jahren es noch wir selbst, die über die Frage der Qualität von Kindertageseinrichtungen entschieden haben, so sind dies heute zunehmend die Eltern. Im Vordergrund steht dabei der konkrete Nutzen, den Ihr Angebot für Kinder und Eltern hat.

Als Erzieherinnen und Erzieher sind Sie herausgefordert, bei der Ermittlung von Qualitätsmerkmalen die Dienstleistungshierarchie auf den Kopf zu stellen. Ihre Aufgabe wird zukünftig darin bestehen, den konkreten Bedarf der Familien zu ermitteln und zu überprüfen, ob Ihr Angebot noch stimmt. Eine Forderung, die unserem Anliegen der Kundenorientierung sehr entgegenkommt.

Es geht also darum, dass Sie zwischen dem Angebot Ihrer Kindertageseinrichtung und den Ansprüchen der Eltern Übereinstimmung erzielen. Mit Sicherheit eine der größten Herausforderungen, die in Zukunft auf Sie zukommen werden.

Dabei können die erforderlichen Qualitätsmerkmale einzelner Kindertageseinrichtungen sehr unterschiedlich sein. Während in einem schwierigen Einzugsgebiet die Kontinuität der Betreuung und Versorgung ein wichtiges Kriterium bei Eltern darstellt, kann in einer anderen Kindertageseinrichtung ein ganz anderes Angebotsspektrum gefordert sein. Anders ausgedrückt: Die mit der Qualitätsdebatte verbundenen Ziele sind nicht darauf ausgerichtet, bundesweit ein einheitliches Angebot von Kindertageseinrichtungen zu schaffen, das am Ende einer Aldi-Landschaft gleicht: Von Hamburg bis Lindau am Bodensee überall die gleichen

Leistungen. Es geht vielmehr darum, eine vielfältige und bunte Kindergartenlandschaft zu schaffen mit unterschiedlichen Einrichtungen, die je nach Bedarf ihres Einzugsgebietes über ganz verschiedene Angebote verfügen.

Qualität ist dann dort gegeben, wo die Gesamtheit der Merkmale eines Leistungsangebots mit den Erwartungen der Kunden übereinstimmt. Und da nichts bleibt, wie es ist, sind diese Merkmale immer wieder neu zu ermitteln und zu überprüfen.

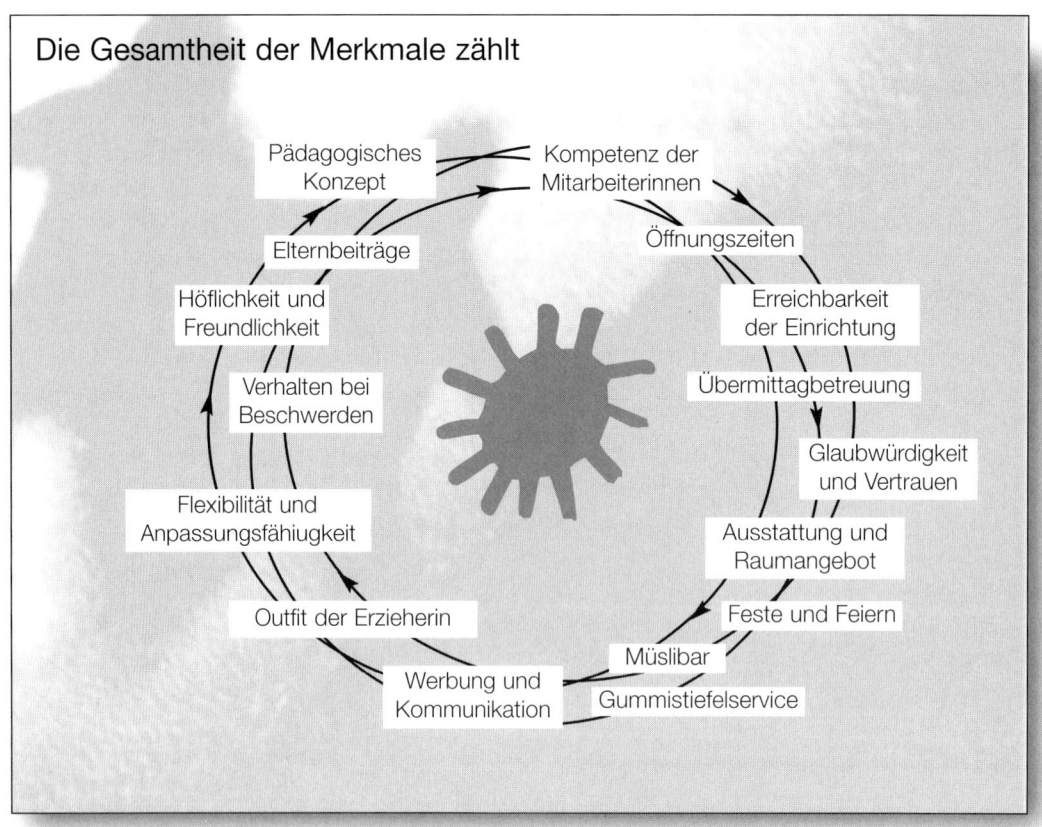

Die Gesamtheit der Merkmale zählt

Pädagogisches Konzept

Kompetenz der Mitarbeiterinnen

Elternbeiträge

Öffnungszeiten

Höflichkeit und Freundlichkeit

Erreichbarkeit der Einrichtung

Verhalten bei Beschwerden

Übermittagbetreuung

Glaubwürdigkeit und Vertrauen

Flexibilität und Anpassungsfähiugkeit

Ausstattung und Raumangebot

Outfit der Erzieherin

Feste und Feiern

Müslibar

Werbung und Kommunikation

Gummistiefelservice

Die oftmals endlos geführte Debatte darüber, ob Kindertageseinrichtungen überhaupt Kunden haben, hilft an dieser Stelle nicht weiter. Ebenso wenig wie jene Haltung, derzufolge man lieber mal abwartet, bis der ganze Spuk vorübergezogen ist. Die Diskussion um die Einführung von Qualitätsmanagementkonzepten wird sich so schnell nicht in Luft auflösen. Alleine schon die Tatsache, dass aufgrund der prekären Finanzhaushalte der Länder, Kirchen und Kommunen sehr viel stärker die Frage nach der Rentabilität von Kindertageseinrichtungen gestellt wird, deutet hierauf hin.

Erwartet wird, dass Sie einen Nachweis darüber erbringen, versprochene Leistungen auch einhalten zu können. Das ist ein weiteres Ziel von Qualitätsmanagement, dessen Grundlagen und Prinzipien brauchbare Instrumente hierzu liefern. Am Ende können Sie dann selbstbewusst darauf hinweisen: »Das, was wir dir, lieber Kunde, versprechen, halten wir auch ein!« Dies ist eine wesentliche Voraussetzung für Kindertageseinrichtungen, die sich als moderne und kundennahe Dienstleistungsunternehmen verstehen.

Kapitel 2

Öffnungszeiten:
von 0.00 Uhr bis 24.00 Uhr

Denken Sie um: Siegerin
werden Sie im Kopf

Denken Sie um: Siegerin werden Sie im Kopf

Schon der griechische Mythos bietet ein paar Vorschläge, wie man mit Problemen und Herausforderungen fertig wird. Denken Sie beispielsweise an den korinthischen König Sisyphos, der ausschließlich damit beschäftigt war, auf den Gipfel eines Berges einen Felsen zu rollen, der ihm dann auf der anderen Seite wieder herunterrollte. Man kann nun in dieser Sisyphosarbeit eine besondere Art der Selbstverwirkichung sehen. Jahr für Jahr wenden Sie die gleichen Elternarbeitsmethoden an und Jahr für Jahr haben Sie es mit den gleichen Problemen zu tun. Selbstverwirkichung? Nun ja, Sie verwirklichen nichts anderes als das, was Sie einmal gelernt haben.

Damit es Ihnen nicht länger wie dem König Sisyphos geht, stellen wir Ihnen in diesem Kapitel einige Denkhaltungen und Grundüberzeugungen vor, die ganz wesentliche Voraussetzungen dafür sind, dass sich Ihre Kindertageseinrichtung zu einem modernen und erfolgreichen Dienstleistungsunternehmen entwickeln kann. Gefordert ist dabei ein grundsätzliches Umdenken. Und dies frei nach dem Motto »Siegerin werden Sie im Kopf«. In seinem Buch »Die fünfte Disziplin« beschreibt Peter A. Senge dieses Erfordernis mit dem Wort »Metanoia«.

Es heißt übersetzt »Umdenken«. Dieses Umdenken ist für ihn mit Lernen gleichzusetzen. Lernen verstanden als die Fähigkeit, »die Welt und unsere Beziehung zu ihr mit anderen Augen wahrzunehmen und die eigene Zukunft schöpferisch zu gestalten«.[2]

Fakt 1: Die Rede von den Eltern als Partnern hilft nicht weiter

Zugegeben: In den letzten Jahren ist das klassische Verständnis von Elternarbeit etwas in den Hintergrund gerückt. Um die Beziehung zwischen Elternhaus und Kindertageseinrichtung zu verbessern, wird heute in Fachkreisen weniger von Elternbildung gesprochen. Auch die Aufgabe, dass Sie als Pädagogin oder Pädagoge die familiäre Erziehung kompensieren sollen, ist weniger im Gespräch. Die Rede ist heute vielmehr von den Eltern als Partnern. In diesem Zusammenhang werden Sie aufgefordert, bedarfsgerechte Angebotsformen zu entwickeln und Eltern stärker in Ihre Arbeit ein-

---

2 vgl. Peter M. Senge, Die fünfte Disziplin,
   4. Auflage, Stuttgart 1997, Seite 23f

zubeziehen, d.h. sie mitsprechen zu lassen. Grundsätzlich ist dem nichts entgegenzusetzen. Inwieweit die scheinbar avantgardistische Aufforderung, Eltern als Partner zu sehen, aber mehr Erfolg verspricht, bleibt abzuwarten. Auch dort, wo Erzieherinnen und Erzieher sich dieser Herausforderung stellen, ist häufig immer noch eine Praxis zu beobachten, die sehr rasch enthüllt, dass es sich nur um eine neue Fassade handelt.

Uns erinnert die verbreitete Praxis der Elternarbeit an den Film von Forrest Gump. Falls Sie ihn nicht kennen: Die Geschichte handelt von einem sicherlich liebenswerten und naiven Menschen in einer Welt, die sich ständig verändert. Forrest Gump setzt auf das Altbewährte. Er liebt seine Mutter, seine Heimat und vor allem Amerika. Am liebsten hätte er die Welt um sich herum so, wie diese für ihn früher war. Eine Welt, voll mit Mutters Apfelkuchen und Schlittenfahren im Winter. Forrest Gump wurde in Amerika über Nacht zum Helden. Mehr oder weniger ein Antiheld, der keinerlei Ambitionen hat, etwas zu verändern.

Wie in diesem Film sind auch in unserem Arbeitsfeld die Bilder unzählig, in denen sich die sozialpädagogische Sehnsucht Ausdruck nach einer Welt verleiht, in der alles bleibt, wie es einmal war. In diesen Bildern schreiten wir, die pädagogisch Geschulten, in weißen Gewändern durch die böse Welt und reden, scheinbar unberührt von den Gegebenheiten der Moderne, neuerdings von den Eltern als Partnern. Die Welt um uns herum hat sich jedoch verändert. Da hilft kein weißes Gewand und auch kein trotziges Beharren auf einer pädagogisch-professionellen Vorherrschaft.

Die Tatsache, dass wir es heute mit einem Markt der Erziehung, Bildung und Betreuung von Kindern zu tun haben, dass Sie als Erzieherin oder Erzieher zukünftig mit anderen Kindertageseinrichtungen konkurrieren, all dies verlangt mehr, als in Eltern nur Partner zu sehen. Gewisse Paradigmen müssen ganz einfach umcodiert werden. Mit unserem bislang scheinbar bewährten sozialpädagogischen Optimismus kommen wir nicht weiter. Und schon gar nicht mit der Vorstellung von den Eltern als Partnern. Diese Rede ist nichts anderes als ein vielleicht letzter Rettungsanker, der ausgeworfen wird, um zu verhindern, was niemand will – was aber in jedem Fall kommen wird: Der Kunde.

Fakt 2: Sie haben es in Ihrer Kindertageseinrichtung mit Kunden zu tun

Es gibt viele kritische Stimmen, die es als eine bedenkliche Tendenz bewerten, in Eltern Kunden zu sehen. Bei einigen sträuben sich vielleicht angesichts dieser Vorstellung die Nackenhaare. Ein Vorbehalt, der immer wieder formuliert wird, ist der, dass durch die Übernahme von Begriffen aus der Wirtschaft sozialpädagogische Termini in Frage gestellt werden.

Eine für alle zufrieden stellende Antwort zu dieser Problemstellung wird es wohl nie geben. Nur allzu schnell entgleiten Diskussionen hierüber in einen ideologischen Streit, der kaum zu überwinden ist. Und in manchen Köpfen entwickeln sich dann ins Humoristische verkehrte Vorstellungen, in denen die neuen Kunden, eben die Eltern, als Störenfriede entlarvt werden:

»Bei uns sind die Eltern Könige – Gott sei Dank wurde die Monarchie abgeschafft!«

»Eltern stehen im Mittelpunkt – und damit allen im Weg!«

»Bei uns wird Elternfreundlichkeit groß geschrieben– wir schätzen es nämlich, wenn die Eltern freundlich sind!«

»Liebe Eltern: Auch wir haben für unsere Kunden reduziert – und zwar die Öffnungszeiten«

Wie es denn auch sei: Mit unseren typischen Begriffen wie Adressat oder Zielgruppe sind wir in den letzten Jahren nicht sehr viel weiter gekommen. Diese haben allenfalls dazu geführt, dass diejenigen, für die wir arbeiten, nicht selten zu Adressaten vorgefertigter Antworten wurden. Da halten wir es lieber mit der Bezeichnung »Kunde«, weil diesem Begriff eine andere Haltung zu Grunde liegt, die unser Gegenüber nicht zum Objekt moralisierender oder pädagogisierender Besserwisserei werden lässt.

Eltern als Kunden sehen?! Diese Forderung wird durch eine nahezu banale Tatsache unterstützt: Die Beziehung zwischen Kindertageseinrichtung und Eltern unterliegt dem Prinzip von Angebot und Nachfrage. Eltern bestätigen ihre Nachfrage durch monatliche Beiträge, d.h. sie bezahlen für die Leistungen Ihrer Kindertageseinrichtung. Und dieses Geld trägt wesentlich dazu bei, dass Sie Ihr Angebot aufrechterhalten können – ganz abgesehen davon, dass hierdurch auch Ihre Arbeitsplätze gesichert werden. Denn ohne Eltern braucht es auch keine Kindertageseinrichtung.

Nun zeichnen sich Kunden dadurch aus, dass sie souverän zwischen den Angeboten verschiedener Anbieter wählen können. Und in vielen Regionen ist es schon heute so, dass Eltern Kindertageseinrichtungen miteinan-

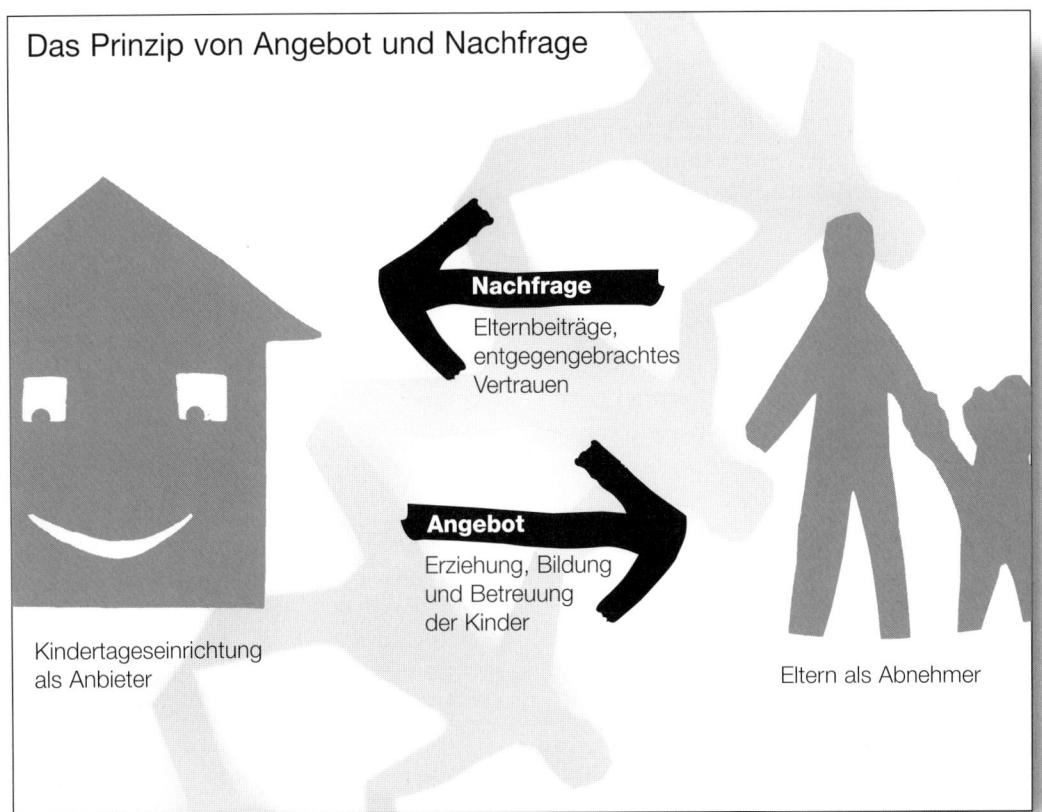

Das Prinzip von Angebot und Nachfrage

Nachfrage
Elternbeiträge,
entgegengebrachtes
Vertrauen

Angebot
Erziehung, Bildung
und Betreuung
der Kinder

Kindertageseinrichtung
als Anbieter

Eltern als Abnehmer

der vergleichen und daraufhin überprüfen, welche Einrichtung ihren Ansprüchen am ehesten entgegenkommt. Demzufolge ist unsere Definition vom Kunden recht einfach: Kunden sind diejenigen, die etwas erwarten und auch erwarten dürfen.

Wenn wir uns an dieser Stelle die Tatsache vor Augen halten, dass Eltern Ihnen Ihre Kinder anvertrauen und dafür gleichzeitig Geld aufwenden, dann erübrigt sich die Diskussion, ob Sie überhaupt Kunden haben. Diese Grundüberzeugung wird ganz wesentlich zum Erfolg Ihrer Kindertageseinrichtung beitragen.

Fakt 3: Kindliche Interessen bleiben nicht auf der Strecke

Vielleicht haben Sie auch schon davon gehört, dass es in den USA mittlerweile Kinderbetreuungseinrichtungen geben soll, in denen an den Decken der Gruppenräume Kameras installiert sind. Via Internet haben Eltern die Möglichkeit, ihre Kinder von ihrem Arbeitsplatz aus zu beobachten. Ist ein Kind nach Ansicht seiner Eltern unbeaufsichtigt oder wird es im Moment zu wenig gefördert, erfolgt der Anruf in der Einrichtung und Ihre Kolleginnen und Kollegen in den USA werden auf diesen scheinbaren Missstand hingewiesen. »Big mother is watching you«, so der Titel eines Beitrags in der Wochenzeitschrift »Die Zeit« [3], in dem über diese Neuentwicklung informiert wurde. Natürlich finden Kritiker hier sogleich ihren Anknüpfungspunkt: »Das sind die Auswirkungen der Kundenorientierung. Die Rechte des Kindes sind passé. Der Kunde zahlt und ist König. Das Kind bleibt auf der Strecke. Und überhaupt: Sollen wir am Ende allen Wünschen gerecht werden, auch wenn es sich um die Interessen von kleinen Minderheiten handelt?«

Mit solchen Äußerungen kann jedes Thema ad absurdum geführt werden und jegliche Diskussion erübrigt sich. Natürlich sollen Sie nicht zum Spielball der unterschiedlichsten Kundenbedürfnisse werden. Auch geht es nicht darum, Ihre pädagogischen Grundüberzeugungen beiseite zu legen. All dies ist mit der Aufforderung »Von der Elternarbeit zur Kundenpflege« nicht gemeint. Es gibt auch berechtigte Grenzen der Kundenorientierung, insbesondere dann, wenn die Interessen und Rechte von Kindern in Frage gestellt werden.

Welcher Wunsch und welches Anliegen von Eltern letztendlich aber berechtigt ist, können nur Sie selbst bewerten. Nur sollte man sich mit dem Hinweis auf das Wohl des Kindes nicht allzuschnell Neuem gegenüber verschließen. Problematisch wird es sicherlich dort, wo Erwartungen formuliert oder Verhaltensweisen praktiziert werden, die Ihr gesamtes Dienstleistungsangebot für alle Eltern beeinträchtigen. Ein schnarchender Kinobesucher beispielsweise verdirbt den übrigen Gästen den Spaß am Film. Hier muss ein verantwortlicher Dienstleistungsanbieter professionell reagieren. Entsprechende Situationen kennen Sie sicher auch aus Ihrer Kindertageseinrichtung:

[3] aus: Die Zeit Nr. 32 vom 30.7.1998

Selbstverständlich gehören auch Kinder zu den Kunden von Kindertageseinrichtungen.

Was ist beispielsweise zu tun, wenn Eltern in einer katholischen Kindertageseinrichtung die religiösen Feste im Jahreskreis boykottieren, die Vielzahl der Eltern diese aber wünscht und sie außerdem zum Selbstverständnis der konfessionellen Einrichtung gehören? Was ist zu tun, wenn Eltern ihr Kind partout nicht abholen wollen, obwohl es nach allen pädagogischen Erwägungen und unter Berücksichtigung der Verkehrssituation nicht zu vertreten ist, dass das dreijährige Kind die Kindertageseinrichtung alleine verlässt? Ist es zu akzeptieren, dass ein Vater mit seinen ausufernden Beiträgen jede Elternversammlung sprengt? Wie ist vorzugehen, wenn einige wenige Eltern ihre Kinder weitaus später abholen, als die offizielle Öffnungszeit es eigentlich ermöglicht? Erzieherinnen und Erzieher, für die Kundenpflege und Kundenorientierung selbstverständlich sind, setzen sich in diesen Fällen zunächst einmal die Brille ihrer Kunden auf. Das bedeutet, dass sie auch auf solche Verhaltensweisen mit Einfühlungsvermögen und dem angemessenen Respekt reagieren.

Fakt 4: Kundenorientierung setzt ein Überwinden von Innovationshemmnissen voraus

»Kundenorientierung als Voraussetzung einer erfolgreichen Arbeit«. Diese Devise stellen sich heute viele Wirtschaftsunternehmen, die es auf dem Markt mit Konkurrenz zu tun haben. Um zu verhindern, dass ihre Kunden zu anderen Anbietern abwandern, wird alles daran gesetzt, marktorientierte Angebote bereitzustellen und den Mitarbeiterinnen und Mitarbeitern ein kundenfreundliches Verhalten abzuverlangen. Dieses entscheidet letztendlich über den Erfolg eines Unternehmens. [4]

Ganz so einfach ist diese Strategie natürlich nicht auf Kindertageseinrichtungen zu übertragen, die wie viele andere soziale Institutionen zu den Non-profit-Organisationen zählen. Aufgrund ihrer bisherigen Monopolsituation denken Non-profit-Organisationen häufig eher innenzentriert statt marktorientiert: »Das haben wir schon immer so getan, warum sollten wir etwas ändern?«. Eine solche Haltung konnte man sich über die Jahre hinweg leisten. Die Gefahr der Kundenabwanderung kannte man

nicht und vielerorts war eher eine Freundlichkeit gegenüber dem eigenen Personal zu beobachten, als dass die Kunden entsprechend zuvorkommend behandelt wurden. »Jeder Berufsstand steht in der Gefahr, eine Verschwörung gegen die Laien zu sein«. Diese Erkenntnis des englischen Nobelpreisträgers für Literatur, Bernhard Shaw, trifft vor allem für konkurrenzlose Einrichtungen zu, die von einem Benutzerzwang verwöhnt sind. Als wir in den achtziger Jahren in unseren Leiterinnenkonferenzen den Versuch machten, über flexible Öffnungszeiten zu diskutieren, fragten viele Ihrer Kolleginnen und Kollegen als Erstes, was das denn wohl für ihre Mitarbeiterinnen bedeute. Sie bewerteten diese Herausforderung nicht als Chance, sondern eher als Gefahr, die die privaten Interessen von Erzieherinnen und Erziehern bedrohen könnte.

Manche Leiterin war dabei eher bereit, einen Konflikt mit den Eltern, als mit den eigenen Mitarbeiterinnen einzugehen. Kundenpflege verlangt jedoch nach hauptamtlichen Möglichmacherinnen und Möglichmachern, die sich der hier genannten Innovationshemmnisse bewusst sind und diese überwinden wollen.

---

[4] vgl. Peter Schwarz, Management in nonprofit-Organisationen, In: Die Orientierung, Heft 88, hrsg. von der Schweizerischen Volksbank

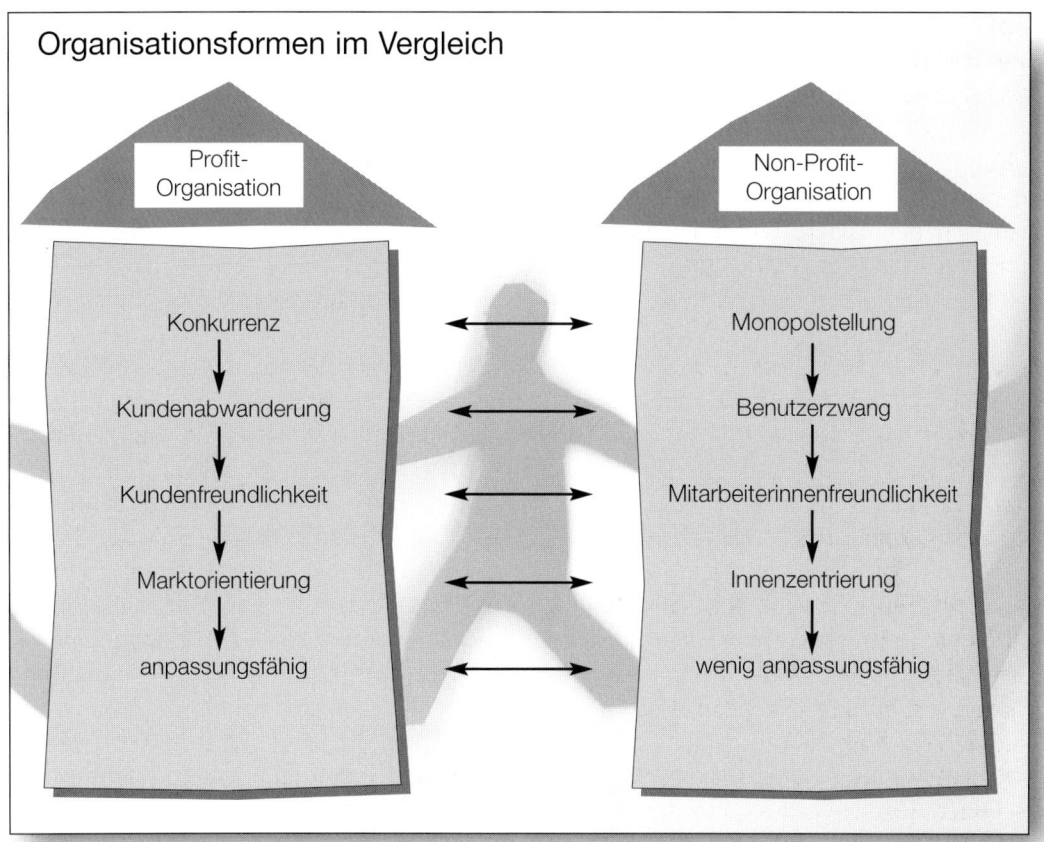

Organisationsformen im Vergleich

Profit-Organisation ↔ Non-Profit-Organisation

Profit-Organisation		Non-Profit-Organisation
Konkurrenz	↔	Monopolstellung
Kundenabwanderung	↔	Benutzerzwang
Kundenfreundlichkeit	↔	Mitarbeiterinnenfreundlichkeit
Marktorientierung	↔	Innenzentrierung
anpassungsfähig	↔	wenig anpassungsfähig

Fakt 5: Kindertageseinrichtungen sind Teil eines größeren Ganzen

Kindertageseinrichtungen sind keine geschlossenen Systeme, die ihre Arbeit völlig unbeeinflusst von dem, was um sie herum passiert, gestalten können. Seit jeher sind sie offene Systeme in einem größeren Ganzen. Und mit diesem größeren Ganzen meinen wir den gesamtgesellschaftlichen Zusammenhang, in dem jede Einrichtung steht. In der Konsequenz bedeutet dies, dass

Manchmal reicht es schon aus, Gesprächs-runden zu aktuellen Themen, die das Leben so schreibt, anzubieten.

die Arbeit der Kindertageseinrichtung als Teil der Gesellschaft aus dem Dialog mit eben dieser Gesellschaft entwickelt werden muss.

Wenn heute im Umfeld Ihrer Einrichtung Eltern ihre Arbeit verlieren, von Armut betroffen sind oder sich in anderen schwierigen Lebenslagen befinden, resultiert aus dieser Sichtweise unweigerlich die Frage, welche Konsequenzen sich hieraus für Ihre Einrichtung ergeben.

Stellen Sie sich angesichts dieser Problemstellungen eine Kindertageseinrichtung vor, die bis vor kurzem noch traditionelle Elternbildungsabende durchführte. Angeboten wurden die Themen »Mein Kind kommt in die Schule«, »Gesunde Ernährung« und vieles mehr. Aufgrund der Tatsache, dass ein großer Teil der Eltern im Einzugsgebiet von der Sozialhilfe lebt und ganz andere Sorgen hat, als sich von Erzieherinnen und Erziehern bilden zu lassen, wurden diese Angebote abgeschafft. Heute bietet diese Kindertageseinrichtung Elternabende zu den Themen »Mein Besuch auf dem Sozialamt« oder »Wie stelle ich einen Antrag auf Arbeitslosenhilfe« an.

Ähnlich verhält es sich mit anderen gesellschaftlichen Entwicklungen und Einflüssen. Wenn beispielsweise die Ladenöffnungszeiten erweitert werden und einige

Eltern im Einzelhandel arbeiten, dann kann dies nicht ohne Auswirkungen auf die Öffnungszeiten Ihrer Einrichtungen bleiben.

Diese Haltung setzt ein berufliches Selbstverständnis voraus, demzufolge der Beruf der Erzieherin weit mehr ist, als eine ausschließlich pädagogische Aufgabe. Es geht darum, dass Sie sich selbst als Dienstleisterinnen und Dienstleister verstehen. Damit rütteln wir natürlich an den Berufsmotiven vieler Pädagoginnen und Pädagogen. Aber

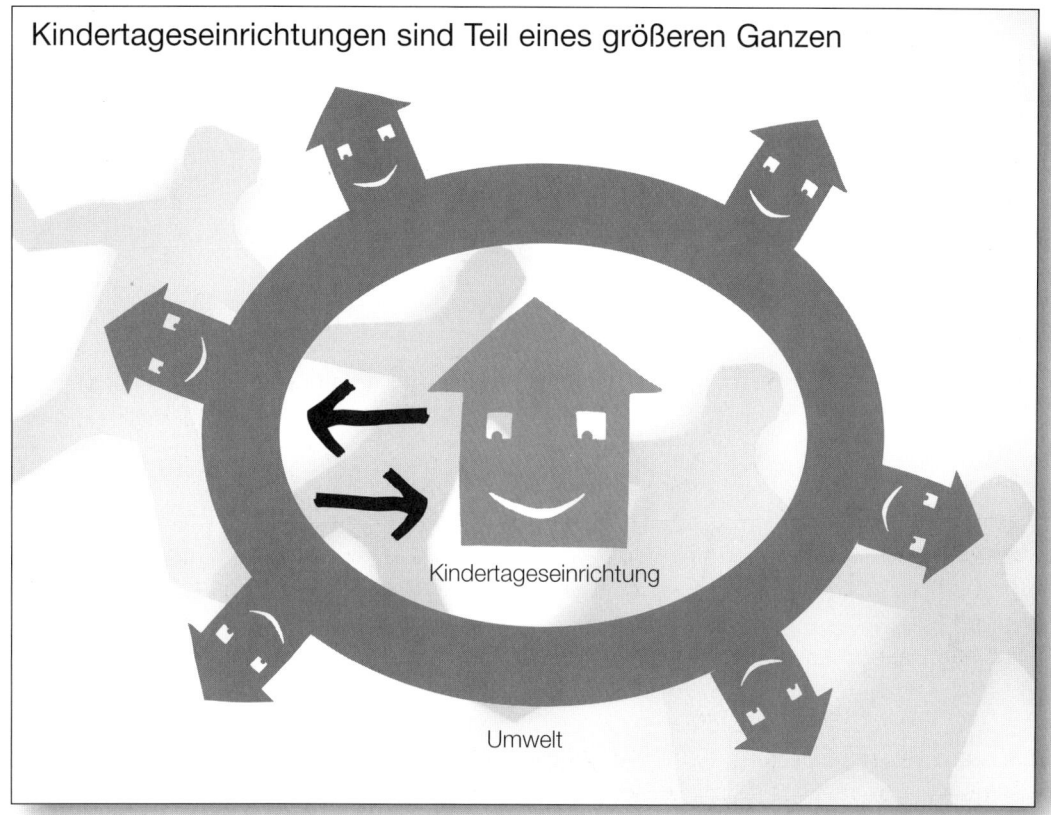

Kindertageseinrichtungen sind Teil eines größeren Ganzen

Kindertageseinrichtung

Umwelt

so ist es nun einmal: Jeder Zeit laufen die festgefügten Bilder davon und es entsteht eine neue Realität. Und diese fordert dazu heraus, eigene Perspektiven aufzugeben, gewohnte Sichtweisen beiseitezuschieben, in denen nur eine, nämlich unsere Wahrheit und Wirklichkeit existiert: Eine Weltanschauung, ein Auftrag, ein Ziel und eine pädagogische Welt mit festen Grenzen.

Kapitel 3

Aufbruch: Kindertageseinrichtungen
auf dem Weg zu
Dienstleistungsunternehmen

Aufbruch: Kindertageseinrichtungen auf dem Weg zu Dienstleistungsunternehmen

Worauf es in Zukunft ankommt, ist eigentlich ganz einfach: Stellen Sie Ihre Kindertageseinrichtung auf den Kopf und orientieren Sie sich am Kundennutzen. Sich am Kundennutzen zu orientieren bedeutet, das gesamte Denken und Handeln auf die Bedürfnisse, Wünsche und Probleme des Kunden auszurichten. Hierzu ist es erforderlich, ein Dienstleistungskonzept zu entwickeln, das sowohl innovative Angebote, d.h. kundenorientierte Leistungen als auch kundenfreundliche Interaktionen beinhaltet.

So gesehen sind kundenfreundliche Kindertageseinrichtungen mehr als nur pädagogische Einrichtungen, die über ungewöhnliche Zusatzangebote verfügen. Großzügige Öffnungszeiten bringen alleine noch keinen Vorteil, wenn dem Kunden andere Dimensionen wie beispielsweise die Freundlichkeit der Mitarbeiterinnen am Telefon oder im direkten Kontakt ebenso wichtig sind, er diese aber nicht findet. Neben Ihrem Standardangebot spielen täglich erlebbare Leistungen wie Zuvorkommenheit, Verlässlichkeit und Entgegenkommen eine besondere Rolle. Und damit wird Kundenorientierung zu einer Daueraufgabe. Kundenzufriedenheit müssen Sie sich täglich neu verdienen.

Jede Entwicklung geht vom Menschen aus: Beginnen Sie in Ihrem Team

Ohne Zweifel halten viele Kindertageseinrichtungen mittlerweile Angebote aufrecht, die auf eine Steigerung der Kundenzufriedenheit zielen. Neben Abhol- und Bringdiensten oder Betreuungsangeboten während der Ferien und an Samstagen gehören hierzu sicherlich auch bedarfsgerechte Öffnungszeiten, Eltern-Kind-Restaurants und vieles mehr.

Der Erfolg dieser Angebote bleibt allerdings dann aus, wenn die wohl wesentlichste Voraussetzung der Kundenorientierung fehlt: die positive Einstellung dazu und die Übereinstimmung im Team. Es nützt Ihrer Kindertageseinrichtung wenig, wenn die mit der Entwicklung eines Dienstleistungskonzeptes verbunden Ziele nicht von allen Mitarbeiterinnen und Mitarbeitern getragen werden. Von daher ist es in einem ersten Schritt unverzichtbar, dass im Team eine

Jede Weiterentwicklung
beginnt im Team.

verbindliche und allgemeingültige Plattform der Kundenorientierung geschaffen
wird: eine vertragliche Grundlage, die für
alle pädagogischen Fachkräfte einen verläss-
lichen Orientierungsrahmen bietet. Ein solcher Orientierungsrahmen kann durch eine
gemeinsame Vision entwickelt werden.

Für Peter M. Senge ist »eine gemeinsame Vision keine Idee. (…) Sie ist eher eine Kraft im
Herzen der Menschen, eine Kraft von ein-
drucksvoller Macht«.[5] Für ihn sind »gemeinsame Visionen Bilder, die von allen Mit-
gliedern einer Organisation geteilt werden.

Sie erzeugen ein Gefühl von Gemeinschaft,
das die Organisation durchdringt und die
unterschiedlichsten Aktionen zusammen-
hält.«[6]

Gemeinsame Visionen können in Leitsätzen
zum Ausdruck gebracht werden; in formu-
lierten Herausforderungen und Ansprüchen
zur Kundenorientierung, die deutlich machen, was Ihre Kunden von Ihrer Kindertageseinrichtung erwarten können.
Leitsätze zu entwickeln, ist ganz einfach. So
geht man vor:

---

[5] Peter M. Senge, a.a.O., Seite 251

[6] ebd., Seite 25

Erster Arbeitsschritt:
»Bringen Sie Ihr Team auf Kundenkurs und versetzen Sie sich zunächst selbst in Ihre eigene Rolle als Kundin.«

 In Ihrem Privatleben sind Sie selbst auch Kundin und haben ganz eigene Erwartungen und Bedürfnisse. Wenn Sie einmal darüber nachdenken, welche Geschäfte Sie bei Ihren Einkäufen bevorzugen, so wird es sich um Anbieter handeln, bei denen Sie sich als Kundin verstanden fühlen. Geschäfte, in denen man Ihren Ansprüchen genügt und auf Ihre Interessen eingeht, in denen Sie einen persönlichen Service erfahren und nondirektiv beraten werden.

 Jede Mitarbeiterin Ihres Teams erhält die Aufgabe, sich selbst in die Rolle der Kundin zu versetzen. In Einzelarbeit wird überlegt, welche Einzelhandelsgeschäfte sie bevorzugt und welche Vorteile diese Geschäfte gegenüber anderen haben. Die jeweiligen Vorteile werden stichwortartig notiert.
Im Team tauschen Sie die Ergebnisse der Einzelarbeit aus. Anschließend arbeiten Sie Vorteile heraus, die bei möglichst vielen Mitarbeiterinnen eine Rolle für die Wahl des Geschäftes,

bei dem man selbst Stammkundin ist, gespielt haben. Diese Vorteile fassen Sie im Team in 10 Gebote der Kundenorientierung zusammen. Die einzelnen Gebote werden für alle sichtbar festgehalten.

Zweiter Arbeitsschritt:
»Entwickeln Sie 10 Gebote der Kundenorientierung für Ihre Kindertageseinrichtung.«

 Diskutieren Sie nun die 10 Gebote der Kundenorientierung des Einzelhandels im übertragenen Sinn auf mögliche Konsequenzen für Ihre Kindertageseinrichtung. Die Frage, warum Eltern als Kunden Ihrer Einrichtung nicht die gleichen Rechte haben, die Sie für sich selbst in Anspruch nehmen, sollte im Vordergrund stehen.

Dritter Schritt:
»Entwickeln Sie eine gemeinsame Plattform.«

 Entwickeln Sie nun 10 Gebote der Kundenorientierung für Ihre Einrichtung und formulieren Sie diese als Leitsätze. Die Leitsätze sollten so gestaltet sein, dass sie jeweils

- eine Selbstverpflichtung für Ihr Team enthalten,
- aus einfachen, elegant miteinander verknüpften Worten bestehen,
- präzise formuliert und einprägsam sind,
- nicht mehr als 25 Worte umfassen und
- das Vorstellungsvermögen anregen. [7]

Das nebenstehende Beispiel der Avis-Autovermietung verdeutlicht, wie Leitsätze nach diesen Regeln formuliert werden können.

Übertragen auf Kindertageseinrichtungen könnten solche Leitsätze wie folgt lauten:

Grundsätze im Umgang mit den Eltern unserer Einrichtung

- Es ist für uns selbstverständlich, die Eltern unserer Kindertageseinrichtung als Kunden unserer Dienstleistung anzuerkennen.
- Wir begegnen ihnen stets freundlich und zuvorkommend.
- Die Zufriedenheit der Eltern ist für uns eine große Herausforderung.
- In all ihren Sorgen und Interessen bringen wir Ihnen Verständnis entgegen.

[7] vgl. John A. Murphy, Dienstleistungsqualität in der Praxis, München 1994, Seite 46

Der Kunde

- Unsere Kunden sind für uns die wichtigsten Personen, keine Außenstehenden, sondern Teil unseres Geschäfts.
- Unsere Kunden hängen nicht von uns ab. Wir hängen von ihnen ab.
- Unsere Kunden stören nicht bei unserer Arbeit, sie sind der Inhalt unserer Arbeit. Wir erweisen ihnen keinen Gefallen, indem wir sie bedienen. Sie geben uns die Gelegenheit, sie bedienen zu dürfen.
- Unsere Kunden sind keine EDV-gespeicherten Größen. Sie sind menschliche Wesen aus Fleisch und Blut mit Meinungen und Gefühlen wie wir selbst.
- Mit unseren Kunden streiten wir nicht. Niemand hat jemals einen Streit mit einem Kunden gewonnen.
- Unsere Kunden kommen mit ihren Wünschen und Bedürfnissen zu uns. Es ist unsere Aufgabe, diese Wünsche zu erfüllen zum Nutzen unserer Kunden sowie zum Nutzen unseres Unternehmens und zu unserer eigenen beruflichen Zufriedenheit.

Der Kunde im Mittelpunkt: Grundsätze der Avis Autovermietung

- Bei Bedarf bieten wir unsere Hilfe an oder vermitteln Hilfe von außen.
- Die Eltern werden in alle Veränderungen unserer Einrichtung einbezogen.
- Wir nehmen uns Zeit für Eltern, wann immer diese sie benötigen.

Benchmarking: Eine Möglichkeit, von anderen zu lernen

Sie wollen, dass Ihre Kindertageseinrichtung zu den besten Einrichtungen in Ihrer Umgebung zählt? Dann ist ein Benchmarking genau das Richtige für Sie. Unter Benchmarking versteht man einen Vergleich mit anderen Wettbewerbern unter Berücksichtigung bestimmter Faktoren. Im Vordergrund steht dabei das Ziel, von anderen zu lernen, um noch erfolgreicher zu werden. Unterschieden wird hierbei zunächst zwischen einem internen und einem externen Leistungsvergleich.

»Die Prinzipien des internen Leistungsvergleichs kennen Sie.«

Übertragen auf Ihre Kindertageseinrichtung kennzeichnet der interne Leistungsvergleich die Unterschiede zwischen den einzelnen Gruppen. Unter dem Stichwort »Hospitationen« wird das bereits regelmäßig praktiziert. Sie beobachten sich gegenseitig in Ihrer Arbeit und tauschen anschließend Ihre Erfahrungen aus. Und schon wenden Sie ein internes Benchmarking an.

Sicherlich: Sich miteinander zu vergleichen ist nicht immer beliebt. Vor allem dann nicht, wenn dadurch eine Konkurrenzsituation entsteht. Wenn beispielsweise die Bären-Gruppe mit beweglichen Schmetterlingen glänzt und die Eltern begeistert sind, während die Mäuse-Gruppe lediglich die traditionelle Schablone eines schattigen Nachtfalters zum Einsatz bringt. Wenn Sie eine solche Differenz aber bewusst wahrnehmen, d.h. gezielt nach Unterschieden suchen und sich fragen, wie die anderen es fertig gebracht haben, bewegliche Schmetterlinge zu basteln, dann liegt darin eine große Chance, dass Sie Ihre Arbeit weiterentwickeln und stetig verbessern können.

»Lernen Sie von den besten Mitbewerbern auf dem Markt.«

Der externe Leistungsvergleich beschäftigt sich mit den Unterschieden einzelner Kindertageseinrichtungen. Im Vordergrund steht dabei das Ziel, vor allem Gründe für Unterschiede zu erkennen, um daraus konkrete Handlungsschritte ableiten zu können, durch die Sie Ihr eigenes Angebot verbessern.

Auch hier kennen Sie den Vergleich mit anderen bereits: Die Lehrer einer Grundschule machen Sie darauf aufmerksam, dass die Kinder, die aus Ihrer Kindertageseinrichtung kommen, weniger motorische Fähigkeiten aufweisen als die von der benachbarten Einrichtung. Oder Sie stellen fest, dass speziell über eine Kindertageseinrichtung jede Woche in der Lokalpresse berichtet wird. Auch wenn in den Artikeln nur Banalitäten beschrieben werden wie beispielsweise die, dass die Eltern das Laub vom Rasen gerecht haben. Die Einrichtung selbst erzeugt dadurch Aufmerksamkeit.

Im Benchmarking ist die zentrale Frage nun die, wie es diesem »Lokalstar« gelingt, mit jeder Belanglosigkeit die Zeitung zu bemühen. Und schon sind Sie mitten in einem Lernprozess: Sie nähern sich den Methoden und Praktiken des anderen Anbieters.

> **»Bestimmen Sie Ihr Verbesserungspotential im Vergleich mit Spitzenleistungen.«**

Spontan fallen Ihnen sicherlich einige Nachbareinrichtungen ein, mit denen Sie mehr oder weniger konkurrieren und mit denen sich ein Benchmarking lohnt.

Interessant ist hier sicherlich der Vergleich mit den sogenannten »outlaws« in der Szene der Kinderbetreuung. Gemeint sind private Anbieter, die mittlerweile in vielen Städten ein Angebotsspektrum aufrechterhalten, das einen nahezu umwirft: Betreuung rund um die Uhr einschließlich der Feiertage und Wochenenden; Eltern bezahlen nur für die tatsächlich in Anspruch genommene Betreuungszeit; Kinder werden von zu Hause abgeholt; wenn die Eltern verreisen müssen, übernimmt das pädagogische Personal die Kinder.

Sie können aber auch auf Fachtagungen und in Leiterinnenkonferenzen gezielte Vergleiche anstellen. Oder besuchen Sie ganz einfach die Kindertageseinrichtung in Ihrem Urlaubsland oder an Ihrem Urlaubsort. Mittlerweile bietet auch das Internet durchaus nennenswerte Vergleichskandidaten, von denen man lernen kann: Wie wäre es mit der Kindertageseinrichtung, die zur Aufbesserung der Spendenkasse ein Solarium für Eltern angeschafft hat? Und während manche Erzieherin oder mancher Erzieher noch darüber nachdenkt, wie oft ein Kind in die Hose machen darf, bis es den Rechtsanspruch auf einen Kindergartenplatz verliert, informiert ein Kollege von Ihnen aus Melbourne im Internet über das »toilet-training« in seiner Kinderbetreuungseinrichtung.

Nicht uninteressant sind aber auch Kinderbetreuungsangebote verschiedener Firmen:

Der Vergleich mit anderen Kindertageseinrichtungen hilft, die eigene Arbeit weiterzuentwickeln.

Nehmen Sie das Beispiel Mc Donalds und den Erfolg seiner Geburtstagsfeiern. Oder denken Sie an die Entlastung der Eltern durch die Bällchen-Pädagogik bei Ikea. Anscheinend gibt es mehr als einen kleinen Bedarf, auf den viele Kindertageseinrichtungen noch keine Antworten geben – außer den wenigen vielleicht, die bereits heute Ihre Einrichtungen für Familienfeiern vermieten, Urlaubsreisen für die ganze Familie organisieren oder die Betreuung der Kinder während des Kinobesuchs der Eltern anbieten.

»Sie sind überzeugt?
Dann legen Sie los!«

Am besten beginnen Sie mit einigen Vorüberlegungen, um sich selbst und Ihre Kindertageseinrichtung durch Benchmarking auf Erfolgskurs zu bringen: Stellen Sie sich in Ihren Teams in einem ersten Schritt ganz einfach folgende Fragen:

1. Wollen Sie die erste Wahl im Einzugsbereich für Eltern werden?
2. Ist es Ihre Absicht, mehr Zufriedenheit bei den Familien zu erzeugen?

3. Wollen Sie den öffentlichen Finanzgeber davon überzeugen, dass die Gelder bei Ihnen richtig angelegt sind?
4. Müssen Sie zukünftig mit weniger Personal oder reduzierten finanziellen Mitteln auskommen?
5. Ist es Ihnen wichtig, den Familien das Bestmögliche zu bieten?
6. Wollen Sie erfolgreich sein?

Fünf von sechs Fragen mit ja beantwortet? Dann geht's mit folgenden Überlegungen weiter:
1. Von welchen Bedürfnissen und Wünschen Ihrer Nutzer, die Sie nicht erfüllen, wissen Sie bereits jetzt?
2. Welchen Bedarf an Service und Unterstützung werden die Familien in Zukunft bei Ihnen anmelden?
3. Welchen Wunsch hätten Sie, wenn Sie selbst Kundin oder Kunde Ihrer Einrichtung wären?
4. Welche Anlässe führten in den vergangenen drei Monaten zu Unzufriedenheiten, Beschwerden oder Abmeldungen von Kindern durch die Eltern?

Sie haben einige Antworten gefunden? Nun denn, weiter geht's:
1. Gibt es in Ihrem Umfeld eine Kindertageseinrichtung, die in ihrem Angebot bereits das ein oder andere Interesse, den ein

oder anderen Wunsch oder Service berücksichtigt? Eine Betreuungseinrichtung, die in Teilbereichen einen größeren Erfolg hat, als Sie selbst und mit der Sie bereit sind, sich zu vergleichen?
2. Falls nicht: Haben Sie eine Fachberaterin oder einen Fachberater, die Ihnen eine solche Einrichtung nennen könnten? Lassen sich über das Jugendamt entsprechende Informationen einholen?

»Treffen Sie Ihre Vorbereitungen und beginnen Sie mit einem detaillierten Vergleich.«

Sie haben mehrere Möglichkeiten, sich mit einer Einrichtung zu vergleichen. Die schlechteste Methode ist die, sich nur auf Berichte Dritter zu verlassen. Laden Sie lieber Kolleginnen und Kollegen der anderen Kindertageseinrichtung ein. Oder besser noch: Hospitieren Sie dort. Für den Fall, dass die Konkurrenzsituation schon so weit fortgeschritten ist, dass man Ihnen diese Möglichkeiten verweigert: Ihre Fachberatung kann Ihnen sicherlich auch Einrichtungen nennen, die außerhalb Ihres Wettbewerbsgebietes liegen. Welche Möglichkeiten Sie auch haben, berücksichtigen Sie bei Ihrem Vergleich in jedem Fall folgende Fragen:

1. Pädagogisches Handeln/Konzept:
- Nach welchem pädagogischen Konzept arbeitet die Vergleichseinrichtung?
- Welche Unterschiede und Vorteile sind im Vergleich zu Ihrer Kindertageseinrichtung zu erkennen?

2. Tagesablauf:
- Wie sieht der Tagesablauf in der Vergleichseinrichtung aus?
- Wann werden bestimmte Leistungen erbracht, die Sie nicht anbieten?
- Welche Unterschiede und Vorteile sind im Vergleich zu Ihrer Kindertageseinrichtung zu erkennen?

3. Personal:
- Welche Mitarbeiterinnen sind für die einzelnen Leistungen verantwortlich und welche Qualifikationen haben sie?
- Sind sie besonders fortgebildet oder bestehen Arbeitskreise, an denen sie teilnehmen und wo Sie ihre Ideen erhalten?
- Welche Unterschiede und Vorteile sind im Vergleich zu Ihrer Kindertageseinrichtung zu erkennen?

4. Qualitätssicherung:
- Welche Instrumente zur Überprüfung und Kontrolle der einzelnen Leistungen werden genutzt?
- Wer ist für die Prüfung verantwortlich?

- Wie sehen die Standards des Angebotes aus?
- Welche Unterschiede und Vorteile sind im Vergleich zu Ihrer Kindertageseinrichtung zu erkennen?

5. Arbeitsmittel:
- Welche Hilfsmittel stehen bei der Erbringung einzelner Leistungen zur Verfügung?
- In welchen Räumlichkeiten findet dieses Angebot statt?
- Welche Unterschiede und Vorteile sind im Vergleich zu Ihrer Kindertageseinrichtung zu erkennen?

6. Finanzierung:
- Entsteht im Zusammenhang mit den Leistungen ein zusätzlicher Finanzierungsbedarf?
- Wie werden zusätzliche Kosten aufgebracht und verwaltet?
- Welche Unterschiede und Vorteile sind im Vergleich zu Ihrer Kindertageseinrichtung zu erkennen?

7. Umfeld:
- Welche Strukturen im Umfeld der Einrichtung begünstigen das Angebot?
- Welche Lebenssituationen machen dieses Angebot erforderlich?

- Welche Unterschiede und Vorteile sind im Vergleich zu Ihrer Kindertageseinrichtung zu erkennen?

8. Kundenkreis:
- Wer wird mit dem Angebot angesprochen beziehungsweise wer soll erreicht werden?
- Welche Unterschiede und Vorteile sind im Vergleich zu Ihrer Kindertageseinrichtung zu erkennen?

9. Zufriedenheit der Kunden:
- Sind die Kunden der Einrichtung mit diesen Angeboten zufrieden?
- Werden diese überhaupt wahrgenommen?
- Welche Unterschiede und Vorteile sind im Vergleich zu Ihrer Kindertageseinrichtung zu erkennen?

> »Übernehmen Sie, was Sie für gut halten, und gehen Sie gezielt vor.«

Ein Ergebnis Ihres Vergleiches könnte sein, dass es in Ihrer Kindertageseinrichtung nichts zu verbessern gibt. Haben Sie aber eine Verbesserungsmöglichkeit entdeckt, was hält Sie dann noch zurück?
Um Ihr Ziel zu erreichen, gehen Sie folgendermaßen vor:

1. Legen Sie in Ihrem Team fest, was Sie verändern wollen, indem Sie die Vorteile der Vergleichseinrichtung auswerten.

2. Formulieren Sie Ziele. Die Ziele sollten so beschrieben sein, dass Sie für alle Mitarbeiterinnen und Mitarbeiter Ihres Teams eine verbindliche Herausforderung sind. Wichtig ist es, dass Ihre Zielformulierungen zeitliche Vorgaben enthalten. *Beispiel:* »Innerhalb der nächsten sechs Monate setzen wir alles daran, unsere Kindertageseinrichtung zu einem Ort der Begegnung und Kommunikation zu entwickeln.«

3. Sammeln Sie Maßnahmen zur Zielerreichung und entwickeln Sie einen Plan. *Beispiel:* »Um unsere Einrichtung zu einem Ort der Begegnung und Kommunikation zu entwickeln, richten wir ein Elterncafé, einen Stammtisch und einmal im Monat einen Treff für Alleinerziehende ein.« Im Arbeitsplan wird festgelegt, wo Sie die einzelnen Maßnahmen anbieten wollen, welche Materialien und finanziellen Mittel Sie benötigen, wer Sie unterstützen kann, wie Sie für das Angebot werben und vieles mehr.

4. Verteilen Sie die Verantwortlichkeiten und richten Sie ein Projektteam ein. Manche gute Veränderungsidee scheitert

deswegen, weil nicht verbindlich festgelegt wird, wer die Verantwortung beziehungsweise Federführung für die einzelnen Arbeitsschritte hat. Es empfiehlt sich daher, dass der gesamte Veränderungsprozess von einem Projektteam begleitet wird. Dieser Runde kann das Team, der Träger, der Elternrat und die Fachberatung angehören. Sie dient dazu, immer wieder zu überprüfen, ob der Veränderungswunsch noch verfolgt wird und welche Unterstützungsmöglichkeiten es gibt.

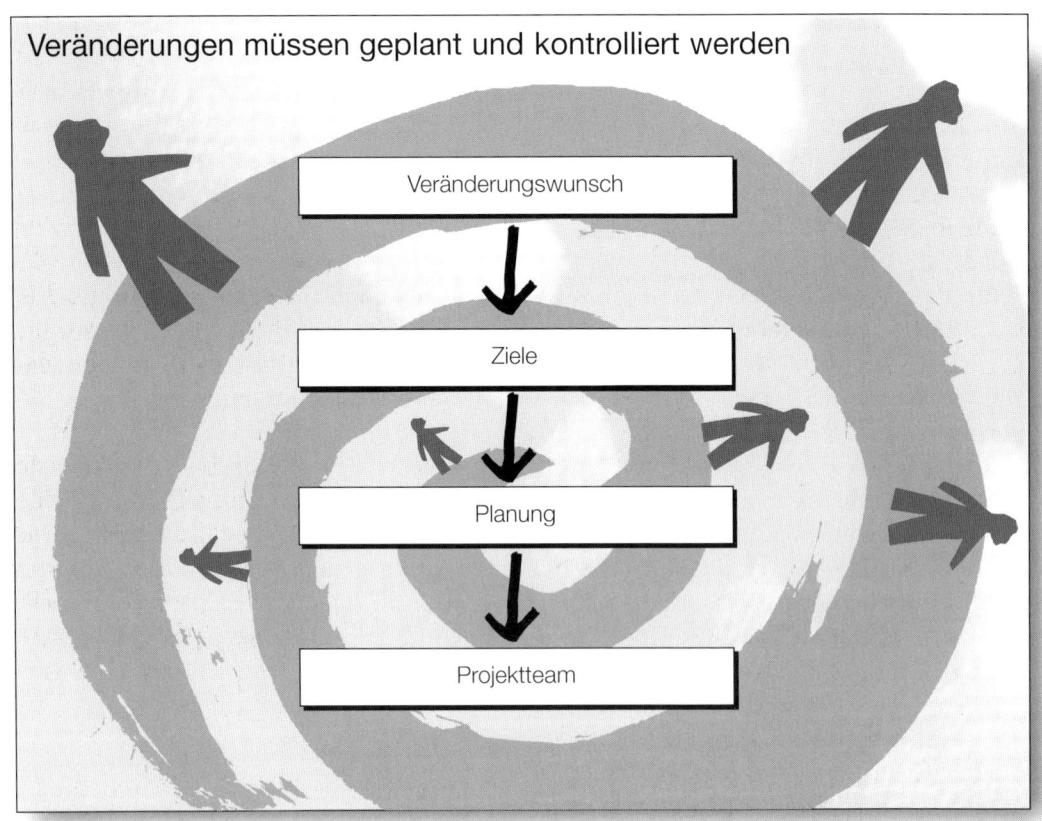

Veränderungen müssen geplant und kontrolliert werden

Veränderungswunsch

Ziele

Planung

Projektteam

Wechseln Sie die Perspektive: Denken Sie wie Ihre Kunden

Früher war es einmal so, dass Wirtschaftsunternehmen ihre Produkte produzierten, ohne wesentlich über den Markt nachgedacht zu haben. Das funktionierte zumindest in den Zeiten, in denen die Nachfrage größer war als das Angebot. Die Unternehmen konnten sicher sein, dass sie ihre Produkte absetzen. In diesem Zusammenhang sprach man im Marketing von einem Verkäufermarkt. Verantwortliche im Vertrieb hatten nichts anderes zu tun, als auf die Produkte ihres Unternehmens hinzuweisen.

Spätestens seitdem der Markt aber gesättigt ist und sich die Qualität vieler Produkte immer mehr gleicht, ist das Kaufverhalten von Kunden schwer vorhersehbar. Als Kunden können wir heute unter einer Fülle von Produkten unterschiedlichster Anbieter wählen. Und damit hat sich der Verkäufermarkt zu einem Kundenmarkt entwickelt. In modernen und erfolgreichen Unternehmen hat dies zu einem Perspektivenwechsel geführt: Die Produktion wird hier zunehmend stärker von Marktbedürfnissen abgeleitet. Aufgabe von Marketingexperten ist es, die Lebensgefühle von Menschen, deren Interessen und Kaufmotive verstehen zu lernen. Es wird vom Markt her geplant und auf den Markt hin gestaltet.[8]

Entscheidend ist, was der Kunde will. Und damit treten die potenziellen Bedürfnisse des Marktes in den Mittelpunkt, frei nach dem Motto: »Wir haben den Kunden verstanden und handeln entsprechend, um seine Sympathie für unser Unternehmen zu erhalten.«

Der hiermit verbundene Perspektivenwechsel ist unserer Meinung nach auch ein entscheidender Erfolgsfaktor für Kindertageseinrichtungen. Ihm liegt die Forderung zugrunde, die Angebote Ihrer Einrichtungen nicht mehr davon ausgehend zu planen, was Sie als pädagogische Fachkräfte für richtig halten und was Ihrer Meinung nach zu den Aufgaben Ihres Berufes zählt. Entscheidend ist vielmehr, was Ihre Kunden wollen und was aus deren Sicht eine gute Kindertageseinrichtung auszeichnet.

Ein solcher Perspektivenwechsel und der hiermit verbundene Aufbruch vom Erzieherinnen- zum Elternmarkt ist leichter zu fordern als umzusetzen. Perspektiven sind nun einmal individuelle oder gemeinsame Weltbilder und Sichtweisen, die eine gewisse Sicherheit und Orientierung bieten. Sie wir-

---

8 vgl. Ute Schäfer & Partner GmbH, Marketing für soziale Organisationen, Lehrbrief 1, Krefeld 1994, Seite 10 f

Echtes Interesse von Erzieherinnen an den Eltern hat mehr Anerkennung und Unterstützung durch diese zur Folge.

ken wie geistige Brillen, durch die wir unsere Umwelt sehen. Problematisch wird es nur dann, wenn unsere Blickrichtung so eingeengt ist, dass sich am Ende die von Bernhard Shaw formulierte These, derzufolge »jeder Berufsstand in der Gefahr steht, eine Verschwörung gegen die Laien zu sein«, bewahrheitet.

Denn genau dies können Sie sich angesichts der bevorstehenden Konkurrenzsituation auf dem Markt der Erziehung, Bildung und Betreuung von Kindern beim besten Willen nicht leisten. Also: Denken Sie wie die Eltern Ihrer Kindertageseinrichtung. Nichts ist einfacher. Zu einem Elternmarkt aufzubrechen bedeutet, die Welt aus der Perspektive der Eltern zu sehen. Und eigentlich ist es das Simpelste auf der Welt: Je kundenorientierter Ihre Leistungen sind, umso größer wird nicht nur Ihre berufliche Zufriedenheit sein, sondern auch Ihr Erfolg.

Nachstehendes Beispiel haben wir schon häufig verwendet. Es ist aber immer wieder aufs Neue geeignet, deutlich zu machen, was es heißt, wie seine Kunden zu denken:

Ben, drei Jahre alt, ist ein echtes Wunschkind. Aber dennoch vermissen seine Eltern manches Mal den Alltag vor dem Kindersegen und blicken sehnsüchtig auf jene Zeiten zurück, in denen sie ungestört ins Kino oder zum Abendessen gehen konnten. Das würden sie auch heute noch gerne tun. Und dabei wäre es gut, Ben je nach Bedarf gut betreut zu wissen. An einem Ort vielleicht, den er kennt, wo er Freunde trifft und sich wohl fühlt.

Was meinen Sie passiert, wenn Sie von diesem Wunsch in unseren Fachkreisen erzählen und daraus die Idee von betreuungsoffenen Abenden in Kindertageseinrichtungen ableiten? Oder wenn Sie begeistert von Einrichtungen berichten, die an verkaufsoffenen Sonntagen – gesponsort durch den Einzelhandel – Kinder betreuen, um Mütter und Väter bei ihren Einkäufen zu entlasten. Vermutlich werden viele Ihrer Zuhörerinnen und Zuhörer davon überzeugt sein, Sie nun endlich ertappt zu haben. Und zwar als jemanden, der Familien unterwandert, familiäre Idyllen zerstört und Eltern zugesteht, alles haben zu können: eben Kinder und eigene Bedürfnisse. Die Verschwörung der pädagogischen Fachkräfte gegen die Laien ist hier in vollem Gange.

Abgesehen davon, dass solche Angebote auch familienstabilisierend wirken, löst der gewünschte Kinobesuch sicherlich noch keinen familiären Notstand aus. Ähnlich verhält es sich auch mit dem Anliegen von Eltern, in der Kindertageseinrichtung mitarbeiten zu können, oder mit dem Bedarf an Öffnungszeiten über 17.00 Uhr hinaus. Derartige Wünsche bleiben oft im Verborgenen, aus Angst davor, als Rabeneltern entlarvt zu werden, denen am Wohl ihrer Kinder nur wenig liegt.

Erzieherinnen und Erzieher, die bereits einen Perspektivenwechsel vollzogen haben und für die Kundenorientierung ein tragendes Prinzip ihrer Arbeit ist, werden anstelle moralischer Apelle ernsthaft überlegen, wie Eltern in diesen und anderen Anliegen unterstützt werden können. Dabei steht nicht das Ziel im Vordergrund, Eltern zu bewerten, sondern sie in ihren Lebenslagen zu verstehen und das eigene Angebot entsprechend darauf auszurichten.

Wer aus der Perspektive seiner Kunden denkt, weiß auch, dass das Verhalten der Eltern motiviert ist. Wenn Eltern beispielsweise nicht zum Elternabend erscheinen oder Ihre Elternbriefe nicht lesen, so ist dies kein Ausdruck eines generellen Desinteresses. Erzieherinnen und Erzieher, die die Bedürfnisse von Eltern in ihrer Arbeit berücksichtigen wollen, sehen darin vielmehr eine

Aufforderung, die Qualität Ihrer Angebote zu überprüfen:
Eine Gruppenleiterin beschwerte sich darüber, dass »keine Socke« von den Eltern ihren monatlichen Aushang, auf dem Sie auf einem großen Stück Papier handschriftlich über Ihre Arbeit berichtet, liest. Ihr Urteil war genauso eindeutig wie vernichtend: »Die Eltern meiner Kinder haben kein Interesse an dem, was ich hier mache.« Auf die Idee, dass die Bring- und Abholsituation, also jener Moment, in dem Eltern an dem

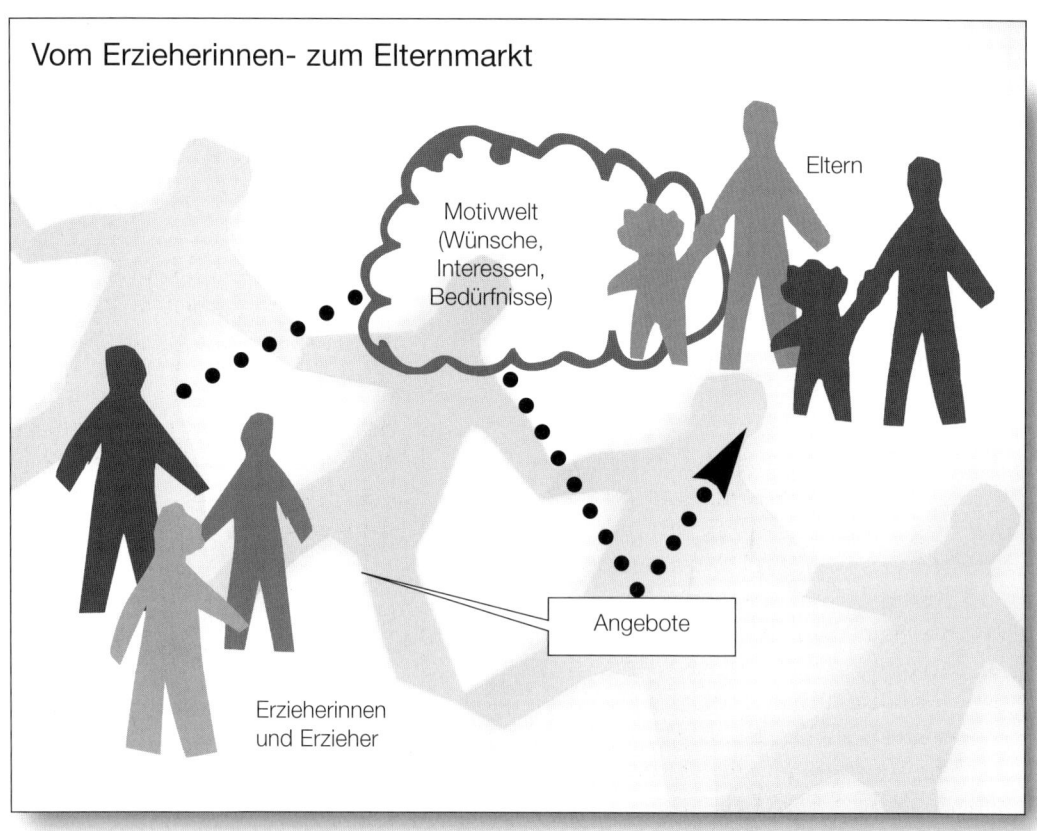

Aushang vorbeigehen, oftmals hektisch ist und Handschriftliches ohnehin nur ungern gelesen wird, kam sie nicht. Vermutlich hätte sie besser daran getan, sich auf den Hinweis »Bei uns war diesen Monat ganz schön was los. Wenn Sie mehr wissen wollen, sprechen Sie mich an.« zu beschränken.

Oder stellen Sie sich Frau Schmitz vor. Sie kommt in Ihre Kindertageseinrichtung und fragt nach den Öffnungszeiten. Ganz ohne Hintergedanken tut sie das allerdings nicht. Sie erzählt Ihnen von einer benachbarten Einrichtung, die bereits um 7.30 Uhr öffnet. Von Ihnen möchte Sie nun wissen, ob sie im Bedarfsfall ihr Kind auch schon um 6.00 Uhr bringen kann. Falls nicht, würde sie ihren Sohn in der Nachbareinrichtung anmelden. Es liegt nun an Ihnen, Frau Schmitz als Kundin zu gewinnen.

So offen wie Frau Schmitz äußern aber nicht alle Eltern ihre Erwartungen. Um dennoch sicher zu gehen, dass sie den Bedarf der Eltern erkennen, führen mittlerweile zahlreiche Kindertageseinrichtungen gezielte Umfeld- und Kundenanalysen durch. Eltern verstehen und kennen lernen wollen gehört dabei zu ihren zentralen Anliegen. Und dies mit dem Ziel, den Kunden bedürfnisorientierte Problemlösungen anzubieten. Dabei empfiehlt es sich, folgende Grundsätze zu berücksichtigen:

Machen Sie sich mit den Bedürfnissen, Erwartungen und Wünschen Ihrer Kunden regelmäßig vertraut.

Erachten Sie es als eine Selbstverständlichkeit, zu den Eltern Ihrer Kindertageseinrichtung einen engen Kontakt zu pflegen, indem

- jede Mitarbeiterin Ihrer Einrichtungen dazu verpflichtet ist, mit den Eltern ihrer Gruppe mindestens einmal im Monat von Angesicht zu Angesicht ein persönliches Gespräch zu führen,

- Sie in regelmäßigen Abständen persönliche Telefoninterviews durchführen, um die Wünsche Ihrer Kunden in Erfahrung zu bringen,

- Sie einen Kundenbeirat einrichten, der stellvertretend für andere die Wünsche der Eltern an Sie weitergibt,

- Sie ein Kundenpanel einrichten, d.h. eine Repräsentativgruppe ins Leben rufen, die sich aus Menschen zusammensetzt, die über die Bedarfslagen der Eltern Bescheid wissen,

- Sie Innovationsabende mit den Eltern durchführen, deren einziger Tagesordnungspunkt die Frage ist, welche Veränderungen und Weiterentwicklungen sich Eltern in der Kindertageseinrichtung wünschen.

Arbeiten Sie mit Überraschungen: Entwickeln Sie ein Servicekonzept

Für viele von uns ist es mittlerweile selbstverständlich, sonntags frische Brötchen kaufen zu können, bei der zahnärztlichen Behandlung Musik zu hören oder im Warteraum des Hausarztes fernzusehen. Wenn wir einen Hamburger kaufen, werden wir von einem freundlichen Lächeln begrüßt, und die meisten Fluggesellschaften bedanken sich nach dem Flug dafür, dass wir uns für ihre Airline entschieden haben. Wenn wir in einem Hotel ein Zimmer reservieren, nennt uns die Dame an der Rezeption zuvorkommend ihren Namen. Solche und andere Serviceattribute haben wir schätzen gelernt und zweifelsohne gehören sie im Wettbewerb zu den wichtigsten Mitteln moderner Unternehmen.

Stellen Sie sich nun aber folgende Situation vor, die nicht frei erfunden ist, sondern auf einer konkreten Erfahrung beruht:
Eine Mutter will ihr Kind in einer Kindertageseinrichtung anmelden. Im direkten Einzugsgebiet ihrer Wohnung liegen zwei Einrichtungen. Die erste Kindertageseinrichtung wird deshalb aufgesucht, weil sie über attraktive Öffnungszeiten verfügt. In der Einrichtung angekommen, fühlt sich die Frau sofort alleine gelassen. Es dauert einige Zeit, bis sie überhaupt bemerkt oder angesprochen wird. Nach einer kurzen und unpersönlichen Aufnahme ihrer Personalien überlässt man sie wieder ihrem Schicksal. Die Räumlichkeiten werden ihr nicht gezeigt. Ein freundliches Auf Wiedersehen wird vergessen.
Die zweite Kindertageseinrichtung muss dagegen ein Paradies auf Erden gewesen sein. Dort wird sie freundlich begrüßt, man bietet ihr einen Kaffee an und zeigt ihr die Einrichtung. Ihre Entscheidung ist klar: Auch wenn ihr die Öffnungszeiten zu eingeschränkt sind, in diese Kindertageseinrichtung muss ihr Kind.

Mag sein, dass viele in diesem Beispiel eine gute Gelegenheit sehen, Gegenposition zu beziehen. »Wir können doch beim besten Willen nicht immer freundlich sein und haben wie jeder Mensch auch mal einen schlechten Tag.« Die Antwort hierauf ist

jedoch ganz einfach: Schlechte Tage zu haben, dafür wird niemand bezahlt, der in der Dienstleistungsbranche arbeitet. Das ist die eine Seite. Und die andere: Sie sind es letztendlich, die entscheiden, was für Ihre Kindertageseinrichtung das Bessere ist: Lieber unehrlich freundlich zu sein oder ehrlich unfreundlich. Im Englischen bedeutet »to be out of service« außer Betrieb sein. Und das ist mit Sicherheit nicht Ihr Ziel.

> **»Service kann auf materieller und persönlicher Ebene erbracht werden.«**

Im Allgemeinen versteht man unter Service, jemandem einen Dienst zu erweisen bzw. ihm einen Nutzen zu bringen. Dieser Dienst kann sowohl auf materieller als auch auf persönlicher Ebene erbracht werden.

Der materielle Service besteht aus konkreten Angeboten, die der Kunde direkt nutzen kann. Übertragen auf Kindertageseinrichtungen fallen hierunter kundenfreundliche Öffnungszeiten, die Raumausstattung, die personelle Besetzung Ihrer Einrichtung und vieles mehr. Erfahrungsgemäß zeigt sich aber, dass ein guter materieller Service eine zwar notwendige, keinesfalls aber hinreichende Dienstleistung ist, um im Urteil des Kunden zufrieden stellend abzuschneiden. Zwar konzentrieren wir uns auch in Kindertageseinrichtungen darauf, in erster Linie

den materiellen Service hervorzuheben, der Faktor Mensch wird dabei jedoch oftmals vernachlässigt. Dies wird beispielsweise dort deutlich, wo Kindertageseinrichtungen mit ihren Öffnungszeiten werben, nicht aber mit der Freundlichkeit des Personals.

»In der Leistung sind wir stark, im Dienen können wir noch besser sein.« So die Erkenntnis eines Managers einer bekannten Luftfahrtgesellschaft. Wenn Sie diese Überzeugung mit Blick auf Ihre Kindertageseinrichtung teilen, dann ist Ihr Ziel, das Sie verfolgen, klar: Zufriedene Eltern reichen Ihnen nicht aus, was Sie wollen, sind begeisterte Eltern. Und nichts Besseres kann Ihnen passieren.

Die wesentlichsten Grundvoraussetzungen hierfür sind gegeben, wenn Sie davon überzeugt sind,

- dass Sie die geheimsten Wünsche Ihrer Kunden kennen wollen, um entsprechende Serviceleistungen anbieten zu können,
- dass Sie im Vergleich mit anderen Kindertageseinrichtungen gut abschneiden wollen, um wettbewerbsfähig zu sein,
- dass Sie Extras anbieten möchten, die in keiner anderen Kindertageseinrichtung in Ihrer Nachbarschaft zu finden sind,
- dass Sie in Ihrem Angebot anders und damit besser sein wollen als Ihre Mitbewerber,

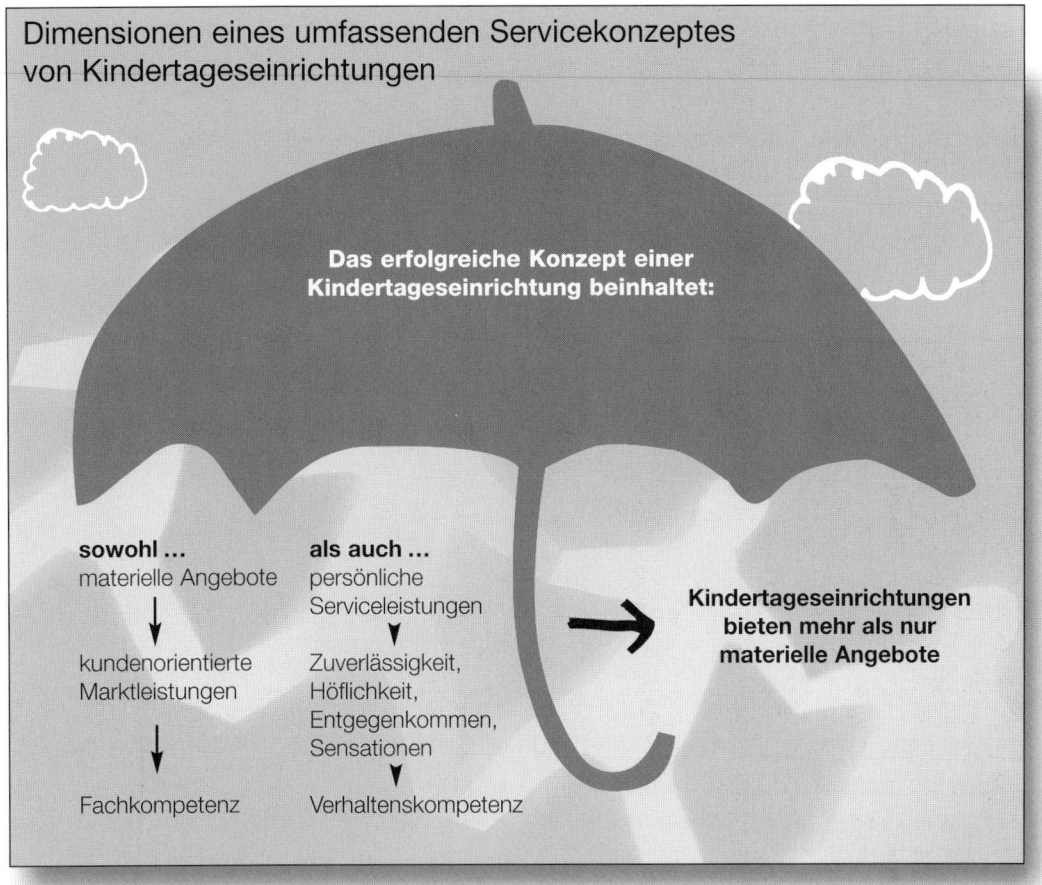

Dimensionen eines umfassenden Servicekonzeptes
von Kindertageseinrichtungen

Das erfolgreiche Konzept einer
Kindertageseinrichtung beinhaltet:

sowohl ...
materielle Angebote

als auch ...
persönliche
Serviceleistungen

Kindertageseinrichtungen
bieten mehr als nur
materielle Angebote

kundenorientierte
Marktleistungen

Zuverlässigkeit,
Höflichkeit,
Entgegenkommen,
Sensationen

Fachkompetenz

Verhaltenskompetenz

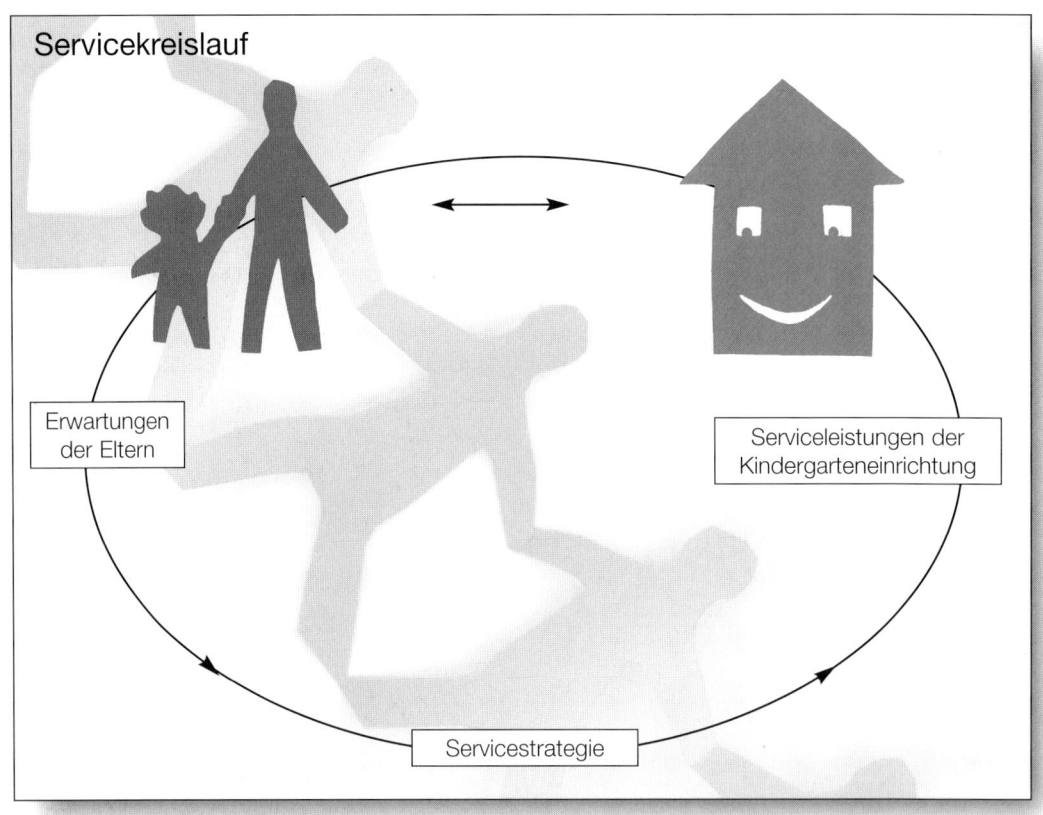

Servicekreislauf

Erwartungen der Eltern

Serviceleistungen der Kindergarteneinrichtung

Servicestrategie

- dass Ihre Einrichtung für die Eltern zu einem Erlebnis werden muss.

Ein Freund von uns in Australien ist vermutlich von all diesen Aspekten überzeugt. Bei ihm kommt der Frisör in die Einrichtung, wenn mindestens vier Kinder zu lange Haare haben. Kindertageseinrichtungen sind heute vor keiner servicefreundlichen Idee mehr geschützt – selbst wenn sie von der anderen Seite des Globus stammt. Es ist daher besser, sich nicht auf die Trägheit der

Konkurrenz zu verlassen. Mittlerweile soll es nämlich auch bei uns Kindertageseinrichtungen geben, die toilet-trainings anbieten, Eltern-Kind-Restaurants aufbieten oder einen Abhol- und Bringdienst eingerichtet haben.

Drei Grundsätze sind es, die Sie bei der Entwicklung Ihres Servicekonzeptes berücksichtigen sollten und die wir im Folgenden näher erläutern:

- Halten Sie, was Sie versprechen: Bleiben Sie zuverlässig
- Höflichkeit und persönliches Entgegenkommen schaffen Vertrauen
- Überraschen Sie Ihre Kunden: Bieten Sie Sensationen

Halten Sie, was Sie versprechen: Bleiben Sie zuverlässig

Es gibt wohl kaum eine Kindertageseinrichtung, in der nicht das Ziel »Bei uns sollen sich Kinder wohl fühlen« an oberster Stelle steht. Dieses Anliegen artikulieren Sie auch in der Öffentlichkeit als Versprechen. Stellen Sie sich angesichts dieser Prämisse nun aber Fritz vor. Gerade mal drei Jahre alt geworden, besucht er Ihre Einrichtung. Sobald die Mutter von dannen gezogen ist, geht das ganze Theater los. Fritz fängt an zu weinen, schreit und hat nichts anderes im Sinn als abzuhauen. Und das Tag für Tag. Als Kindertageseinrichtung haben Sie zwei Möglichkeiten, hierauf zu reagieren:

Möglichkeit 1:
Im Team sind Sie sich einig. Der Fritz ist noch nicht reif für die Kindertageseinrichtung. Da liegt die Lösung nahe, dass Sie die Eltern bitten, Fritz noch für ein paar Monate zu Hause zu behalten. Das Problem liegt aber auf der Hand: Sie halten nicht, was Sie versprechen, und wirken unzuverlässig. Zumindest in der Weise, dass Sie nicht darum bemüht sind, Ihr Ziel zu verwirklichen, indem Sie alles daran setzen, dass Fritz keine Veranlassung mehr hat wegzulaufen.

Möglichkeit 2:
Ihr Team fängt an zu diskutieren, stellt Alltagsrituale in Frage und ist bereit, grundlegende Prinzipien zu verändern. Denn eines ist für alle klar: Nicht der Fritz ist es, dem es an Reife fehlt. Im Gegenteil: Die Kindertageseinrichtung ist noch nicht reif für den Fritz. Sie werden alles tun, damit sich Fritz wohl fühlt. Dabei ist es Ihr wichtigstes Ziel, Ihre versprochenen Leistungen auch einzuhalten.

Im Qualitätsmanagement spricht man in diesem Zusammenhang von Qualitätssicherungsmaßnahmen, die nun eingeleitet werden. Anders ausgedrückt: Sie stellen eine

Differenz zwischen einer versprochenen und der tatsächlich erreichten Leistung fest und versuchen nun, diese Differenz aufzuheben. Und schon sind Sie dabei, nach den Prinzipien des Qualitätssicherungskreises zu arbeiten.

Nehmen wir zur Erläuterung ein Beispiel aus der Arbeit mit den Eltern:

Absicht:

Ihr Ziel ist es, dass sich die Eltern während der Elternabende rundum wohl fühlen. Dies haben Sie den Eltern gegenüber auch beim Aufnahmegespräch versprochen.

Aktion:

Um das Ziel zu erreichen, geben Sie den Eltern zu Beginn der Elternabende die Mög-

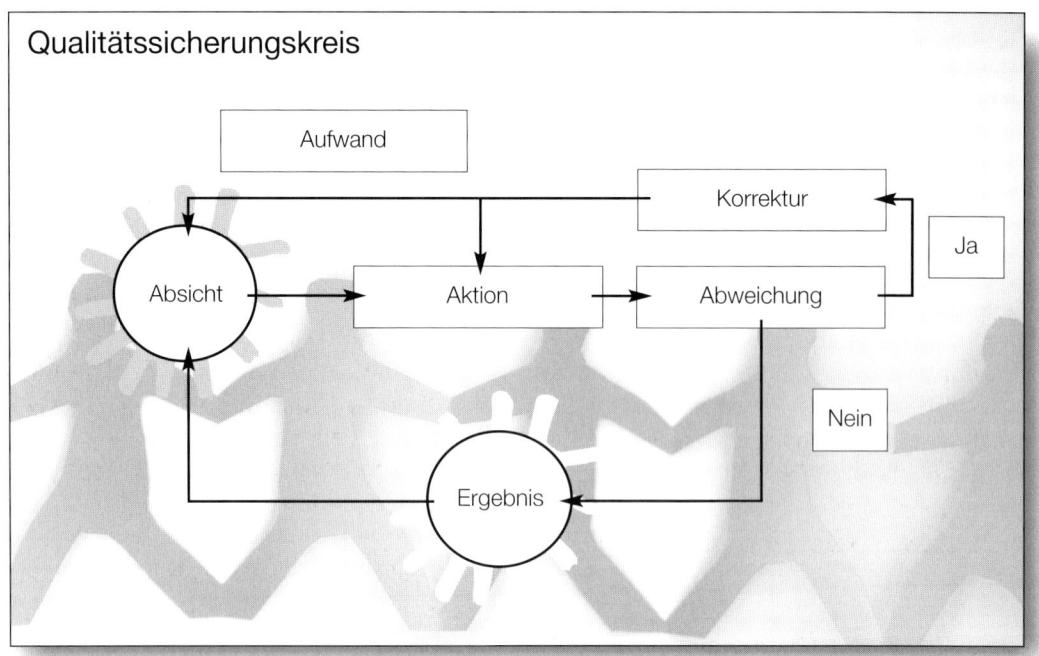

lichkeit, miteinander ins Gespräch zu kommen. Während des Abends bieten Sie sogar Getränke und Knabbereien an.

Abweichung:
Maximal 30 Prozent der Eltern besuchen die Abende. Die meisten von ihnen kommen zu spät, nämlich erst dann, wenn die gesellige Gesprächsrunde vorüber ist und der informative Teil beginnt. Unmittelbar hiernach verschwinden Sie auch wieder.

Korrekturmaßnahme:
Sie kommen mit den Eltern ins Gespräch und stellen fest, dass viele von ihnen deswegen nicht zum Elternabend kommen, weil Sie keine geeignete Kinderbetreuung finden. Dabei fällt Ihnen wieder ein, dass ein Großteil der Eltern alleinerziehend ist.
Sie erweitern Ihr Angebot, in dem Sie während des Elternabends eine Kinderbetreuung anbieten.

Ergebnis:
Stellen Sie nun keine Abweichung von Ihrem ursprünglichen Ziel mehr fest, so haben Sie Ihr gewünschtes Ergebnis erreicht. Gleichzeitig stellen Sie Ihre Zuverlässigkeit unter Beweis, weil Sie Versprochenes auch einhalten.

Zuverlässigkeit als Serviceleistung setzt somit einen regelnden Prozess voraus. Sie kommt dort zum Tragen, wo Sie ständig darum bemüht sind, Ihre Angebote und Ziele daraufhin zu überprüfen, ob Sie diese auch wirklich erreichen. Ist dies nicht der Fall, so führen Sie entsprechende Korrekturmaßnahmen durch. Ein wesentlicher Bestandteil Ihrer Servicestrategie ist dabei das geplante Handeln.

> **»Überlassen Sie nichts dem Zufall, formulieren Sie Standards.«**

Um die Garantie dafür zu haben, dass Sie zuverlässig sind, arbeiten Sie am besten mit Standards. Diese sind ein geeignetes Instrument, Ihr erreichtes Niveau aufrechtzuerhalten und Ihre Ziele einzuhalten. Ein Team kann es sich im Interesse seiner Qualitätsverpflichtung nicht leisten, ohne Standards auszukommen.
Zum einen weiß jede Mitarbeiterin und jeder Mitarbeiter, worauf bei einzelnen Vorgängen und in unterschiedlichen Alltagssituationen zu achten ist. Zum anderen bieten Standards, die für alle verbindlich festgelegt werden, die Möglichkeit, sich gegenseitig zu korrigieren.

Als Beispiel, wie solche Verbindlichkeiten aussehen können, haben wir exemplarisch einige Standards für Elternbriefe und für den Telefonkontakt aufbereitet.

Standards für Elternbriefe

Elternbriefe geben uns die Gelegenheit, professionell und sympathisch zu wirken. Deshalb

- formulieren wir verständlich und freundlich,

- stellen wir sicher, dass alle Eltern einen Brief erhalten,

- achten wir auf eine korrekte Adresse und Anrede,

- enthalten alle Briefe eine kurze Zusammenfassung,

- haben alle Schreiben das gleiche Layout und Logo,

- wird vor dem Versand durch eine zweite Kollegin die Rechtschreibung und das Layout überprüft,

- werden in unserem Team alle gleichzeitig über den Versand der Briefe informiert.

 ## Standards für Telefonanrufe

Jeder Anruf ist eine Chance, die Eltern zufrieden zu stellen. Deshalb

- sind wir grundsätzlich während der Öffnungszeit telefonisch zu erreichen,

- gibt es eine ständige personale Sicherstellung des Telefondienstes,

- lassen wir das Telefon nicht mehr als viermal klingeln,

- muss niemand wegen ein und derselben Sache zweimal anrufen,

- kündigen wir Rückrufe grundsätzlich an,

- nutzen wir außerhalb der Öfnungszeit die Möglichkeiten eines Anrufbeantworters oder einer Haustelefonanlage,

- vermitteln wir Ansprechpartner, falls wir nicht selbst weiterhelfen können.

Standards gelten nicht für alle Ewigkeit. Sie müssen ständig überprüft und aktualisiert werden. Anders kann Qualitätssicherung nicht gelingen.

Eltern vertrauen Erzieherinnen ihre Kinder an. Alleine schon deswegen haben sie persönliches Entgegenkommen und Höflichkeit verdient.

Höflichkeit und persönliches Entgegenkommen schaffen Vertrauen

Wer will das nicht: Aufmerksamkeit, Anerkennung und Freundlichkeit erfahren. Es sind ganz natürliche Bedürfnisse, die wohl jeder in sich trägt. In einer kundenorientierten Kindertageseinrichtung nutzen Erzieherinnen und Erzieher diese ganz gezielt. Zur Grundlage ihrer Servicestrategie gehört es, nicht nur den Kindern, sondern auch deren Eltern höflich und entgegenkommend gegenüberzutreten. Es gibt viele Gelegenheiten, bei denen Sie diesen persönlichen Service zum Ausdruck bringen können, z.B. bei Tür- und Angelgesprächen, die in der Regel die häufigste Form der Kommunikation in Kindertageseinrichtungen darstellen, oder bei Aufnahmegesprächen, die einen ersten Eindruck bei den Eltern hinterlassen.

> »Alle Menschen wollen beachtet werden, auch Eltern.«

Auch hier kann es eine Hilfe sein, wenn Sie mit verbindlichen Standards arbeiten, deren Einhaltung überprüft wird. Wir haben Ihnen Beispiele aufbereitet, um deutlich zu machen, wie Sie Ihren persönlichen Service »Höflichkeit und persönliches Entgegenkommen« absichern können.

Wie wir Eltern zwischen Tür und Angel begegnen:

1. Es ist schwer für uns zuzuhören, wenn wir selbst reden.

Deswegen lassen wir den Eltern ausreichend Zeit, über sich zu sprechen. Wir drängen ihnen keine Themen auf.

2. Wir signalisieren den Eltern, dass wir am Gespräch interessiert sind.

Deswegen vermeiden wir Hemmschwellen wie Hektik, auf die Uhr schauen oder verschlossene Türen, durch die wir uns abschotten.

3. Elterngespräche haben bei uns gegenüber den Gesprächen mit den Kolleginnen und Kollegen immer Vorrang.

Niemand von uns lässt sich während eines Gespräches mit den Eltern ablenken. Für alle besteht die Regel, bei einem Elterngespräch nicht zu stören.

4. Während des Gespräches sehen wir die Welt mit den Augen der Eltern.

Um die Eltern besser verstehen zu lernen, ist es für uns unerlässlich, die Gesprächsinhalte aus deren Perspektive zu betrachten.

5. Das Tempo der Eltern ist entscheidend.

Nicht unser Gesprächstempo ist entscheidend, sondern das der Eltern. Dabei ist Geduld für uns nicht nur eine Tugend, sie gehört vielmehr zu unserer Professionalität.

6. Wir reagieren bei Vorwürfen nicht mit Kritik.

Vorwürfe der Eltern nehmen wir gerne zur Kenntnis. Sie sind Ausdruck Ihrer berechtigten Unzufriedenheit, auf die wir nicht beleidigt reagieren.

7. Wir signalisieren den Eltern gegenüber Interesse.

Durch kleine Fragen und Anknüpfungspunkte aus zuvor geführten Gesprächen zeigen wir den Eltern, dass wir Interesse an Ihnen haben. Deswegen legen wir für jeden Elternteil eine kleine Kundenkarte an, auf der alles festgehalten wird, was die Eltern bewegt: Vom Urlaubsziel bis zu den Sorgen mit der Schwiegermutter, von Familienfeiern bis zur Vorliebe fürs Kochen.

8. Für uns sind Elterngespräche keine Frage der Sympathie.

Alle Eltern haben ein berechtigtes Interesse, mit uns ins Gespräch zu kommen. Es gehört zu unserer Professionalität, Eltern so zu akzeptieren, wie sie sind.

 Was uns im Kindergarten Purzelbaum beim Aufnahmegespräch wichtig ist:

- **ein freundliches Lächeln und ein gepflegtes Äußeres aller Kolleginnen und Kollegen**

Wir sind davon überzeugt, dass wir durch Freundlichkeit aufgeschlossener und sympathischer wirken. Ein gepflegtes Äußeres ist ein Signal unserer Wertschätzung, die wir unseren Kunden entgegenbringen.

- **der Blickkontakt und die direkte Ansprache der Eltern mit ihrem Namen**

Unsere Kunden erwarten, dass wir sicher wirken. Dies stellen wir mit unserem Blickkontakt unter Beweis. Die persönliche Ansprache der Eltern mit ihrem Namen schafft eine vertraute Atmosphäre.

- **der Vorrang des Gespräches gegenüber internen Arbeiten, Vorfällen und Fragen**

Die Mitarbeiterinnen und Mitarbeiter unserer Kindertageseinrichtung stören nie ein Aufnahmegespräch. Eltern erhalten während des Gespräches unsere ungeteilte Aufmerksamkeit.

- **ein Angebot für das Kind**

Für die Zeit des Anmeldegespäches wird dem Kind die Möglichkeit eröffnet, mit anderen Kindern zu spielen und sich am Alltag in unserer Einrichtung zu beteiligen.

- **die Vermeidung von Wartezeiten**

Viele Eltern haben eigens für das Aufnahmegespräch Urlaub nehmen müssen. Aus diesem Grund planen wir die Gesprächstermine so, dass unter keinen Umständen eine Wartezeit entsteht.

- **Gastlichkeit**

Unsere zukünftigen Kunden wollen sich von Anfang an wohl fühlen. Deshalb präsentiert sich unsere Kindertageseinrichtung gastlich, indem sie Kaffee und Plätzchen zur Verfügung stellt.

- **den Eltern unsere Kindertagesein- richtung zu zeigen**

Die Eltern möchten, dass sich ihr Kind bei uns wohl fühlt. Aus diesem Grund ist es ihnen wichtig, einen Gesamteindruck von unserer Kindertageseinrichtung zu erhalten. Es ist für uns selbstverständlich, den Eltern gleich zu Beginn des Aufnahmegespräches alle Räumlichkeiten zu zeigen.

- **eine diskrete Atmosphäre der Ge- spräche**

Oftmals werden gleich beim Aufnahmegespräch familieninterne Probleme erzählt. Aus diesem Grund ist für uns eine diskrete Atmosphäre selbstverständlich.

- **die Aushändigung einer Kopie von Aufnahme- oder Anmeldeformular**

Eltern wollen eine Bestätigung darüber, dass sie ihr Kind angemeldet haben, und haben ein Recht darauf, diese zu erhalten.

- **eine Rückmeldemöglichkeit über die Zufriedenheit der Eltern**

Es nützt uns wenig, wenn die Eltern mit irgendeinem Detail unzufrieden sind und diese Unzufriedenheit nach Hause tragen. Aus diesem Grunde bitten wir sie um entsprechende Rückmeldungen.

»Nutzen Sie den Sie-Standpunkt.«

Viele von Ihnen kennen sicherlich das Gleichnis vom blinden Bartimäus. Jesus begegnet ihm und fragt diesen nicht etwa »Was soll ich für dich tun?« Seine Frage lautet vielmehr: »Was willst du, dass ich für dich tue?« Bei oberflächlicher Betrachtung mag Ihnen vielleicht kein Unterschied auffallen. Genauer hingesehen bzw. hingehört, fällt Ihnen der Unterschied aber sicherlich auf. Durch die erste Formulierung würde sich Jesus in den Vordergrund stellen. Dies tut er aber nicht, sondern er fragt, »Was willst *du*, dass ich für dich tue?« und stellt somit sein Gegenüber, eben Bartimäus, ins Zentrum. Hierin sehen Kommunikationsexperten eine brilliante Anwendung des vor allem im Verkauf bedeutenden Prinzips des »Sie-Standpunktes«.

Dem »Sie-Standpunkt« zufolge stehen nicht Sie, das heißt diejenigen, die die pädagogische Arbeit in Kindertageseinrichtungen leisten, im Vordergrund, sondern immer die Eltern.

Anstelle von Formulierungen in Konzeptionsschriften »Wie wir uns Elternarbeit vorstellen« klingt künftig vielleicht die Wortwahl besser »Sie wollen das Beste für ihr Kind ... wir auch. Tun wir's gemeinsam.« »Damit Sie sich bei uns auskennen« hört sich demzufolge kundenorientierter an als die Überschrift »Wir über uns«. »Damit Sie Ihren Urlaub planen können« wurde von einem Team einer Kindertagesstätte als Ersatz für die Formulierung in der Elternzeitung »Unsere Schließzeiten während der Schulferien« gewählt.

Sie sehen: Auch hier wird deutlich, wie leicht sich Höflichkeit und persönliches Entgegenkommen realisieren lassen.

»Mit Kundenkillern führen Sie Ihren Misserfolg herbei.«

Wahrscheinlich ist es Ihnen auch selbst schon so ergangen, dass ein Gesprächspartner Sie durch irgendeine blöde Äußerung schockiert oder verärgert hat. Im Verkaufstraining spricht man in diesem Zusammenhang von sogenannten Kundenkillern. Ein paar Beispiele sollen deutlich machen, um welche Phrasen es sich dabei drehen kann und wie man es ganz einfach anders macht:

»Woher soll ich das denn wissen?"

 »Ich werde mich sofort für Sie informieren.«

»Nein, das können wir beim besten Willen nicht leisten.«

 »Wir werden sofort prüfen, wie wir Ihnen entgegenkommen können.«

»Da müssen Sie sich schon an den Träger wenden.«

 »Ich werde Ihnen gerne weiter helfen und sofort ein Gespräch mit dem Träger suchen.«

»Warum sind Sie denn so aufgeregt?«

 »Ich habe Sie jetzt aufgebracht, entschuldigen Sie bitte.«

»Moment mal, ich bin gerade mit den Kindern beschäftigt.«

 »Ich bin gleich bei Ihnen.«

»Rufen Sie doch bitte später noch einmal an, wir sitzen gerade im Stuhlkreis.«

 »Wann darf ich Sie zurückrufen«

Überraschen Sie Ihre Kunden: Bieten Sie Sensationen

Eltern wollen begeistert werden. Übertreffen Sie deshalb deren Erwartungen und verblüffen Sie sie. Nichts bindet Ihre Kunden stärker wie Sensationen, über die alle lange Zeit sprechen und die vor allem in der Öffentlichkeit weitergetragen werden.
Dazu gehört natürlich, dass Sie Leistungen anbieten, die über das Alltägliche hinaus gehen. Oder haben Sie es schon einmal erlebt, dass jemand sagt: »Nein, wirklich toll, dass Ihre Einrichtung immer pünktlich auf die Minute um 7.30 Uhr öffnet.« Man wird in der Öffentlichkeit eher darüber sprechen, dass Sie *erst* um diese Zeit aufmachen.

Die Strategie, die sich hinter diesem Serviceattribut verbirgt, ist die Einsicht, dass es preiswerter ist, vorhandene Eltern zu halten und als Fans zu gewinnen, als gänzlich neue Kunden werben zu müssen. Entscheidend ist dabei nicht nur, was die Kindertageseinrichtung pädagogisch kann, sondern das, was Ihre Kunden darüber hinaus von Ihnen erhalten.
Während viele Familien einen immer größeren Schwerpunkt auf Service legen, stellt die Mehrheit der Kindertageseinrichtungen immer noch die pädagogische Arbeit in den Vordergrund.

> »Richten Sie einen after-sale-Service ein.«

Der Begriff »after-sale-Service« steht dafür, nach dem Verkauf des Produktes den Kunden mit dem Produkt nicht alleine zu lassen. Einige Anbieter, gerade im Bereich des Computerzubehörs, richten zu diesem Zweck eigens eine Telefon-Hotline ein. Eine Serviceeinrichtung, bei dem der Kunde noch nach dem Kauf Hilfe für die Installation erwarten kann, und dies, obwohl das Produkt zu diesem Zeitpunkt schon verkauft ist.

Ein after-sale-Service in Kindertageseinrichtungen könnte die regelmäßige Einladung von ehemaligen Eltern zu bestimmten Festen oder Treffen sein. Ebenso zählt das Beratungs- und Gesprächsangebot dazu, sollten die Eltern mit Ihren Kindern in der Grundschule oder überhaupt Probleme haben. Zusätzlicher Service erzeugt zusätzliche Kundenbindung und auf alle Fälle bleiben Sie im Gespräch: »Die im Kindergarten St. Josef – die tun was!«
Oder stellen Sie sich einmal vor, am Sonntag erreicht Sie auf dem Sofa der Anruf eines Vaters, der die Pausentasche seines Sohnes plötzlich vermisst? Die Erwartungen des Vaters würden Sie übertreffen, wenn Sie ihm von Ihrem Sofa aus mitteilen könnten:

»Schauen Sie mal an Ihre Wohnungstür, ich habe die Pausentasche am Samstag bereits vorbeigebracht und an die Türklinke gehängt.«

> **»Man soll nun wirklich nicht übertreiben – oder etwa doch?«**

Mit Sicherheit würden Sie Ihre Kunden auch verblüffen, wenn Sie beispielsweise

- einen »arrival- bzw. welcome-Service« anbieten: Eine Ihrer Kolleginnen empfängt die Kinder und Eltern bei deren Ankunft am Morgen und hilft dem Kind aus dem Auto (beobachtet in den USA);
- im Eingangsbereich eine Kundenruhebank einrichten,
- ein Wasserfass für Hunde bereithalten,
- über einen kostenlosen Schirmverleih verfügen,
- Essenslieferung frei Haus anbieten,
- eine »happy hour-Ecke« mit Brötchen und Getränken zur Verfügung stellen,
- Bastelarbeiten zurücknehmen,
- für Kinder lose Süßigkeiten bereitstellen oder
- Eltern des Monats küren.

Sonst noch was? Na klar, Ideen gibt's viele. Aber die haben Sie Gott sei Dank ja selbst.

Die eigentlichen Experten sind die Eltern: Provozieren Sie Beschwerden

Wenn Sie heute zum Abendessen in ein Restaurant gehen, ist es selbstverständlich, dass man Sie danach fragt, ob es Ihnen geschmeckt hat. Man ist hier ganz einfach darum bemüht, im Urteil der Gäste gut abzuschneiden. Viele Unternehmen beauftragen mittlerweile Meinungsforschungsinstitute damit, die Zufriedenheit ihrer Kunden zu untersuchen. Dabei gelten Kunden als die eigentlichen Experten und Kenner der Angebote.

Und da ist etwas dran. Es nützt Ihnen nämlich wenig, wenn Sie selbst Ihre Arbeit gut finden, Eltern dieses Urteil aber nicht teilen. Wann haben Sie beispielsweise die Eltern das letzte Mal danach gefragt, wie zufrieden sie im vergangenen Jahr oder in den vergangenen vier Wochen mit der Arbeit Ihrer Einrichtung und den Entwicklungsfortschritten ihres Kindes waren?

Fest steht: Der Souverän Kunde hat die Macht, über Ihren Erfolg zu entscheiden. Das lässt sich drehen und wenden wie man will. Ihre Kunden können Ihr Angebot bestätigen oder ablehnen und dies unabhängig davon, wie gut Sie sich selbst fühlen. Erfolg ist nun einmal die Bestätigung durch andere. Und deshalb gilt: Garantieren Sie sich Ihren Erfolg, indem Sie die Zufriedenheit

Ihrer Kunden prüfen. Provozieren Sie Beschwerden.

»Beschwerden sind ein Geschenk.«

Ganz so einfach ist das natürlich nicht, mit den Beschwerden. Manches Mal stehen wir uns alle gegenseitig im Weg: »Beschwerden?

Eltern haben ein Recht darauf, sich zu beschweren.

Kennen wir in unserer Kindertageseinrichtung nicht. Die Eltern sind mit uns zufrieden! Klar: Frustrierte Mütter oder Väter kommen uns gerade recht. Die nehmen wir erst gar nicht ernst! Und überhaupt: Allen kann man es sowieso nicht recht machen.« So oder zumindest so ähnlich reagieren wir, wenn sich jemand beschwert, in unserem Innersten ganz einfach gekränkt und angeschlagen. Sehr viel Nutzen ziehen wir aus dieser Reaktion aber nicht.

Wenn Beschwerden ausbleiben, so ist dies noch lange kein Indiz dafür, dass Ihre Kunden mit Ihrer Arbeit zufrieden sind. Manchmal traut man sich ganz einfach nicht, eine Beschwerde anzubringen. Oder man glaubt nicht daran, dass irgendjemand überhaupt auf eine negative Rückmeldung reagiert. Beschwerden sind aber eines der wichtigsten Mittel, um mehr über die Zufriedenheit der Eltern zu erfahren. Nur so können Sie den Weiterentwicklungsbedarf Ihrer Einrichtung ermitteln und sich entsprechend verbessern. Darin liegt der Grund, warum es sich lohnt, Beschwerden zu provozieren.

»Eltern haben immer ein Beschwerderecht.«

Um Beschwerden als Geschenk zu betrachten, müssen Sie natürlich zunächst einmal davon überzeugt sein, dass Eltern ein Beschwerderecht haben. Und dies auch dann, wenn die ein oder andere Beschwerde auf den ersten Blick unangebracht erscheint oder mit Unannehmlichkeiten verbunden ist. Wichtig ist es, Beschwerden nicht mit Schuldzuweisungen in Verbindung zu bringen. Wenn sich Eltern beschweren, dann sind sie enttäuscht. Und dieses Gefühl kennen Sie alle, wenn Ihre eigenen Erwartungen als Kundin nicht erfüllt werden. Wie oft wollten Sie sich selbst nicht schon beschweren?

> **»Jede Beschwerde ist eine willkommene Chance.«**

Kindertageseinrichtungen, die daran interessiert sind, einen besseren Service anzubieten und Ihr Angebot zu optimieren, brauchen eine besondere Strategie, um Eltern dazu zu bewegen, offen und ungezwungen über ihre Unzufriedenheit zu sprechen. Eine Kindertageseinrichtung mit vielen Beschwerden wäre demnach im Prinzip eine gute Einrichtung, weil sie mit ihren Kunden in einem ständigen Dialog über ihre Arbeit steht.

In jeder Beschwerde eine willkommene Chnace zur Verbesserung Ihrer Arbeit zu sehen, dies setzt natürlich voraus, dass Sie davon überzeugt sind,

- dass Beschwerden nichts mit einer Abwertung Ihrer Professionalität zu tun haben; professionell sind Sie dann, wenn es für Sie klar ist, dass es nichts gibt, was Sie nicht noch besser machen können;
- dass es sich hierbei um ein Instrument handelt, mit dem Sie Ihre Beziehung zu Ihren Kunden verbessern;
- dass es besser ist, sich auf den Inhalt der Beschwerde zu konzentrieren, als auf die Art und Weise, wie diese vorgetragen wird.

> **»Entwickeln Sie in Ihrer Kindertageseinrichtung Beschwerdestandards.«**

Damit alle Mitarbeiterinnen und Mitarbeiter Ihrer Kindertageseinrichtung in Beschwerden eine Chance entdecken und diese wie selbstverständlich zum Berufsalltag zählen, ist es erforderlich, einrichtungsinterne Standards für Beschwerden zu entwickeln:

 Standards für Beschwerden

Für uns sind Beschwerden eine Herausforderung. Sie geben uns Anregungen zur Verbesserung, und bieten somit eine Chance, unsere Leistungen zu optimieren. Deshalb

- betrachten wir jede Beschwerde als ein Geschenk für unsere Kindertageseinrichtung

- bewahren wir Ruhe und suchen die Ursache zunächst bei uns,
- bedanken wir uns für alle Rückmeldungen, auch wenn sie negativ ausfallen,
- lassen wir Eltern mit ihren Beschwerden nicht allein,
- informieren wir die Eltern darüber, wie wir mit ihrer Beschwerde umgehen werden,
- bleiben wir bei Versprechungen realistisch und greifen nie zu Notlügen,
- bringen wir unser Verständnis für die Kritik zum Ausdruck,
- nehmen wir das Anliegen der Eltern immer ernst,
- dokumentieren wir jede Beschwerde und unsere Kunden erhalten eine schriftliche Bestätigung darüber, dass wir ihr Problem registriert haben,
- wird die Leiterin oder der Träger bei jeder Beschwerde hinzugezogen,
- erfolgt ein Gespräch mit dem Kunden, nachdem sein Anliegen geklärt ist.[9]

---

9 vgl. Günter Ederer/Lothar J. Seiwert, Das Märchen vom König Kunde, Offenbach 1998[2], S. 224

Und denken Sie daran: Man kann nie genug Geschenke erhalten. Oder etwa nicht?

> **»Richten Sie ein ideales Beschwerdesystem ein.«**

Ein ideales Beschwerdesystem ist immer breit angelegt. Es bietet dem Kunden die Möglichkeit, seine Kommentare, Wünsche und Verbesserungsvorschläge auf vielfältige Weise vorzubringen: per Telefon, im persönlichen Gespräch oder ganz einfach schriftlich. Folgende Ideen erweisen sich hierbei sicherlich als sinnvoll:

 Beschwerdekästen
mit der Aufschrift »Was Sie uns schon immer mal sagen wollten«. Hier können die Eltern Ihrer Kindertageseinrichtung ihr Anliegen schriftlich und damit anonym vortragen.

 Hotlines,
die Sie zu bestimmten Zeiten frei nach dem Motto »Wenn Ihnen mal was stinkt, dann rufen Sie uns an. In jedem Fall erreichen uns Ihre Anliegen in der Zeit von 12.00 Uhr bis 13.00 Uhr« einrichten.

 Beschwerdeabende,
die in regelmäßigen Abständen angeboten werden und auf deren Tages-

ordnung nichts anderes steht als die Verbesserungswünsche Ihrer Kunden, nämlich der Eltern.

 Regelmäßige Gespräche mit dem Elternrat,
in denen frei nach dem Motto »Ihre Meinung ist uns wichtig« Gerüchte rund um Ihre Kindertageseinrichtung erörtert werden.

 Schriftliche Befragungen,
in denen die Zufriedenheit der Eltern überprüft wird. Diese Methode finden Sie mittlerweile in jedem Hotel. Meinungskarten gehören dort zum selbstverständlichen Angebot.

Steigern Sie Ihre Attraktivität: Verkaufen Sie Kundennutzen

Ein Kinderhaus bietet Öffnungszeiten von 5.45 Uhr bis 20.30 Uhr an. Die Reaktionen in Fachkreisen können Sie sich vorstellen: »So lange in einer Kindertageseinrichtung zu sein, das kann nicht gut sein für die Kinder.« Solche Abwertungen Ihrer Arbeit finden Sie auch an anderer Stelle. Beispielsweise in öffentlichen Podiumsveranstaltungen, an denen Fachleute und Politiker über die Zukunft von Kindertageseinrichtungen streiten. Hier degenerieren Ihre Einrichtungen oftmals zu reinen Bewahranstalten, die auf-

grund derzeitiger Arbeitsbedingungen scheinbar keine Qualität vorzuweisen haben.

Stellen Sie sich an dieser Stelle einfach einmal vor, was passieren würde, wenn eine Bäckerei ihre Kundschaft permanent darauf hinweist, dass ihr qualifizierte Bäcker fehlen und sie deswegen für die Qualität ihrer Brötchen keine Haftung übernimmt. Vermutlich könnte sie ihre Backstube bald schließen.
Übertragen auf Kindertageseinrichtungen ist demzufolge kritisch zu überprüfen, wie Sie in der Öffentlichkeit argumentieren. Überschriften auf Flugblättern oder gar Formulierungen in Podiumsdiskussionen, die darauf hinweisen, dass Kindertageseinrichtungen nur noch Bewahranstalten sind, sind für Ihr Image und für die Anerkennung Ihrer Arbeit, die Sie tatsächlich leisten, wenig förderlich. »Wir bieten mehr als reine Aufbewahrung – und wollen dies auch zukünftig tun«, eine solche Formulierung fördert mehr Vertrauen und Unterstützungsbereitschaft als die üblichen Ausdrucksweisen, die eher an eine Jammertal-Ideologie erinnern.

Auch in pädagogischen Konzeptionsschriften halten sich viele von Ihnen mit den Vorteilen Ihrer Arbeit zurück. Meist wird sachlich und nüchtern darauf hingewiesen, von welchen Grundsätzen Ihre pädagogische Arbeit getragen wird. In einem Kreativ-Workshop hat ein Vorstandsmitglied von Karstadt im Rahmen eines Vortrages seine Zuhörer einmal gefragt: »Was verkaufen wir eigentlich in unseren Gartenabteilungen? Rasenmäher oder schöne Gärten?« Genau darum geht es, wenn Sie Ihre Attraktivität durch den Verkauf von Kundennutzen erhöhen wollen. Verkaufen Sie Lebensgefühle, Erfolg und Selbstbestätigung. Hierdurch stärken Sie das Vetrauen Ihrer Kunden in Ihre Arbeit.

> »Nutzen Sie die Vorteile der Vorteilsansprache.«

Diese Vertrauensbildung setzt aber vielfach eine etwas attraktivere und kundenfreundlichere Sprache voraus. Eine Sprache, die berücksichtigt, was Kunden hören und lesen wollen. Eine in dieser Weise kundenfreundlich gestaltete Kommunikation bedient sich der Vorteilsansprache. Zugegeben: Dieser Begriff stammt aus dem Vokabular des Verkaufstrainings. Wir meinen aber, dass auch Sie etwas zu verkaufen haben und es Ihnen nur gut tut, Ihre Arbeit selbstbewusst der Öffentlichkeit zu präsentieren.

Vorteilsansprache ist dort gegeben, wo in Elternbriefen, Konzeptionsschriften und anderen Informationsmaterialien Ausdrucksweisen gefunden werden, die die wirklichen Leistungen der Kindertageseinrichtungen für Kinder und Eltern hervorheben. Anstelle der üblichen Überschriften auf Konzeptionsschriften wie

- »Kindergarten St. Anna –
  unsere pädagogische Konzeption«
  können Sie hier Formulierungen entdecken wie
- »Kindergarten St. Anna –
  ein kinder- und familienstarkes Angebot«
- »Kindergarten St. Josef –
  wer drin war, hat mehr drauf«
- »Kindergarten St. Sebastian –
  eine gute Wahl«
- »Kindergarten Nord – mit uns nehmen Sie jede Hürde wie im Sprung«

Kath. Kindergarten St. Sebastian
Römer Str. 5
97084 Würzburg
Tel. 09 31 / 6 08 22

Unser Kindergarten im Wiesental

eingruppig – familiär – individuell – kuschelig – heimelig

Bei uns macht Ihr
KIND
große Sprünge

Träger:	Kindergarten	Leiterin:
Kath. Gesamtkirche	St. Jodok	Jutta Grützmacher
Herrenstr. 1	Brühlstr. 15	
88212 Ravensburg	88212 Ravensburg	Kinderpflegerin:
Tel. (0751) 36334-0	Tel. (0751) 22389	Jeanette Noga

Im Innenteil dieser Konzeption finden Sie anstelle der Formulierung »So arbeiten wir« das Motto »Ihre Kleinen kommen bei uns ganz groß raus«.

> »Argumentieren Sie kundenorientiert.«

Stellen Sie sich folgende Situation vor, die Ihnen vielleicht gar nicht so unbekannt erscheint:

In Ihrer Kindertageseinrichtung sind Sie sich darüber einig: Schulmappen gibt es nicht mehr im Angebot. Stattdessen liegt Ihnen daran, dass die Kinder ausreichend Zeit haben, sich durch kreatives Spiel auf die Schule vorzubereiten. Bei Ihnen gilt der Grundsatz: Kinder haben ein Recht auf ein Leben vor der Schule. Nun kommt aber Frau Mayer und fordert die Schulmappen für ihr Kind ein. Mit dem Hinweis, dass diese Mappen in anderen Kindertageseinrichtungen angeboten werden, unterstreicht sie ihre Forderung.

Sie haben nun zwei Möglichkeiten, hierauf zu reagieren:

Möglichkeit 1:
Sie machen der Mutter klar, dass Schulmappen nicht in Frage kommen. Der Unsinn dieser Mappen sei Ihnen auch auf einer Fortbildung bestätigt worden und im Übrigen könne sie ja die Fachberaterin anrufen, die ihr dies ebenfalls gerne versichern werde.

Möglichkeit 2:
Ihr zentrales Anliegen ist es, dass sich jeder Kunde verstanden fühlt. Auch hier nutzen Sie die Vorteilsansprache mit dem Ziel, Ihr Angebot mit den positiven Folgen für Frau Mayer zu verknüpfen. Gleichzeitig beziehen Sie den »Sie-Standpunkt« mit ein.[10] Gehen Sie dabei wie folgt vor:

 Erforschen Sie zunächst das Motiv der Mutter. Sie werden feststellen, dass Sie sich Sorgen um die Schulfähigkeit ihres Kindes macht. Und hierfür haben Sie Verständnis.

 Bringen Sie Ihr Verständnis zum Ausdruck und bestätigen Sie, dass es heute auch wirklich nicht einfach ist, den schulischen Anforderungen zu genügen.

 Heben Sie nun den Vorteil heraus, der sich für das Kind und damit für die Mutter aus der Tatsache ergibt, dass Sie keine Schulmappen mehr anbieten. Bedienen Sie sich dabei der Vor-

---

10 vgl. Rolf H. Ruhleder, Verkaufstraining intensiv, Seite 43 ff

teilsansprache, indem Sie Formulierungen verwenden wie z.B.

»… das bedeutet für Ihr Kind …«

»… unser Angebot garantiert
Ihnen …«

»… hiermit sichern wir Ihnen …«

»… das erspart Ihnen …«

»… befähigt Ihr Kind …«

»… fördert Ihr Kind …«.

Sie werden sehen: Die Vorteilsansprache in
diesem Sinne eingesetzt, beruhigt manch
unruhiges Gemüt.

Was zählt,
ist der Erfolg

Zu guter Letzt: Was zählt, ist der Erfolg

Es gab einmal eine Zeit, da glaubten die Pädagoginnen und Pädagogen noch daran, dass sie eine unüberwindbare Instanz seien. In jenen Tagen wollten sie die Welt noch besser machen. Sie sprachen von der Vorherrschaft ihres Berufes und setzten auf Ewigkeitswerte. Gelang ihnen manches nicht, dann fühlten sie sich betrogen und begannen zu schwärmen. Manches Mal endete dies dann in einem Überhang an Utopie, gewürzt mit einer seltsamen Kombination aus Depression und Rebellion. Vielfach kam dabei ein Gesellschaftsmodell heraus, das rundum rund war und keine Widersprüche kannte. Und diesem Modell rannten sie hinterher. Überholten die Wirklichkeit, und fielen wieder zurück in ihre endlose Vorherrschaft, gebaut auf Sand, umgeben von Mauern. Wie sie da so saßen, kam plötzlich eine Erzieherin aus einem Dienstleistungsunternehmen vorbei: »Nicht mit Anti-Anti-Logiken verändert Ihr die Welt. Wer die Nase vorn hat, macht das Rennen. Ich arbeite in der besten Kindertageseinrichtung unserer Stadt. Bei uns nehmen Eltern sogar lange Fahrtwege in Kauf. Unsere Ziele mussten wir gerade deswegen noch nie über Bord werfen.«

Erfolgreich zu sein ist nichts Schlechtes. Und schon gar nichts Verwerfliches. In diesem Sinne wünschen wir Ihnen auf Ihrem Weg zu noch mehr Anerkennung, Unterstützung und Sympathie durch Ihre Kunden viel Erfolg.

Bevor Sie jetzt zuklappen: Denken Sie daran: Auch für uns sind Rückmeldungen jeglicher Art ein Geschenk.

Frank Jansen
Schwarzwaldstr. 14/2
79238 Ehrenkirchen

Peter Wenzel
Goldregenstraße 50
45770 Marl

Literatur

Deutscher Bildungsrat, Strukturplan für das Bildungswesen, Bonn 1970.

Ederer, Günter / Seiwert, Lothar J., Das Märchen vom König Kunde, Offenbach 1998[2].

Elser, Siegfried, Das Erlebnis Marketing, Frankfurter Allgemeine Zeitung, 1991.

Jansen, Frank: Eltern als Kunden?, In: Welt des Kindes, 5/1994, Seite 16 ff.

Lotmar, Paula / Tondeur, Edmond, Führen in sozialen Organisationen, Stuttgart 1991[2].

Morris, Steve / Willcocks, Graham, Erfolgsfaktor Kundenorientierung, Niedernhausen/Ts. 1998.

Murphy, John A., Dienstleistungsqualität in der Praxis, München 1994.

Ruhleder, Rolf H., Verkaufstraining intensiv, Sindelfingen 1984.

Schäfer, Ute & Partner GmbH, Marketing für soziale Organisationen, Lehrbrief 1, Krefeld 1994.

Senge, Peter M., Die fünfte Disziplin, Stuttgart 1997[4].

Schwarz, Peter, Management: Management in nonprofit-Organisationen, In: Die Orientierung, Heft 88, herausgegeben von der Schweizerischen Volksbank.

Ulrich, Hans / Probst. Gilbert J.B., Anleitung zum ganzheitlichen Denken und Handeln, Stuttgart 1991[3].

Wunderlich, Theresia / Jansen, Frank (Hrsg.), Katholische Kindergärten auf Entwicklungskurs, Freiburg: Verband Katholischer Tageseinrichtungen für Kinder (KTK)– Bundesverband e.V., 1997.

Wunderlich, Theresia / Jansen, Frank (Hrsg.), Kindergärten mit Gütesiegel. Freiburg: Verband Katholischer Tageseinrichtungen für Kinder (KTK) – Bundesverband e.V., 1998.

Innovative Pädagogik und modernes Sozialmanagement in Kindertagesstätten

Gabriele Schratt
Hort hat Zukunft
Pädagogische Konzepte und
sozialwirtschaftliche Herausforderungen
222 Seiten, zahlreiche Fotos und Grafiken, kartoniert,
ISBN 3-7698-1135-6

Das Zukunfts-Fitnessprogramm für alle Horte, das die
Vielfalt der erzieherischen Aufgaben vorstellt und mit
einem modernen Sozialmanagement verknüpft.

„Das Buch, dem zu wünschen ist,
dass es mindestens im Hortbereich zum Standardwerk wird, …"
(Nachrichtendienst des Deutschen Vereins für öffentliche und private Fürsorge 10/99)

Renate Niesel/Wilfried Griebel
Start in den Kindergarten
Grundlagen und Hilfen zum Übergang
von der Familie in die Kindertagesstätte
114 Seiten, zahlreiche Fotos, kartoniert
ISBN 3-7698-1206-9

Der Kindergarteneintritt bringt für Kinder und Eltern
große Veränderungen – eine Phase des Übergangs, die von
der Erzieherin kompetent begleitet sein will.